U0677050

gu⁄de

思想家和思想导读丛书

导读
拉康

Jacques Lacan

肖恩·霍默 (Sean Homer) 著

李新雨 译

重庆大学出版社

目 录

我们今天
为什么需要导读书？

这批来自"劳特利奇批判思想家"（Routledge Critical Think-ers）系列的小书，构成了"思想家和思想导读"丛书的基石。早在丛书策划之初，我们就在豆瓣那个"藏龙卧虎"之地结识了一群志同道合的朋友。我们之间的对话从一个提问开始——"我们今天为什么需要导读书？"

我们今天对西学的译介，依然有一些是盲目跟进式的译介，而缺乏系统、深入的相关性研究。[1]

面对有识之士发出的这句尖锐批评，我们试图借助这一发问所引发的一系列思考，探寻专业性导读对于中国学界，特别是初入门者，意味着什么。呈现在我们面前的这套译作，是加入这次"探寻之旅"的朋友们，用他们的精彩译笔所作的回应。然而，在文本之外，一些智慧之果还散落在他们的言说之中，需要显现。

1　王晓路.序论:词语背后的思想轨迹［M］//王晓路,等.文化批评关键词研究.北京:北京大学出版社,2007:5.

豆瓣 id:フ

"地图书"（将导读书视为探索思想的地图。）这个说法很不错,和弗雷德里克·詹姆逊(Fredric Jameson)的认知地图(cognitive mapping)有异曲同工之妙。

如果让我来定位入门书的意义的话,我会借用詹姆逊提出的另一个概念,即消逝的中介(vanishing mediator)。在一个辩证扬弃的过程中,一个"消逝的中介"发挥这样的作用:它施力于前一个状态从而引导出后一个状态,这个过程完成的同时它即消逝。

如果把入门书比作一个"消逝的中介"的话,它不怕当初的读者回过头来觉得它有种种缺陷和不足,因为这恰恰是它所想要达成的。如果一套入门书能发挥这样一个作用,我觉得它的编撰者就应该没有遗憾了。

豆瓣 id:剧旁

（李三达,湖南大学文学院讲师）

目前,很多中国学生读书进入了误区,就是认为读原典才是正道,解读的书一概不读,生怕这些人家咀嚼过的内容会影响他们对原典的认知。这真是再荒谬不过了,而我导师一再强调要规避这种误区,不要总摆出一副不世奇才的心态,别人苦心经营的研究成果只能是明灯,与原典相辅相成,待到你学力足够方知深浅和漏洞,彼时再别出心裁不迟。我深以为然。

豆瓣 id:坏卡超

二手文献或导读性文献确实很有必要。并且也应该重视英语世界的二手文献。尽管英语世界不是欧陆哲学的发源地,但英语作者一般都会比较注重用清晰易懂的语言来解释深邃的道理。

豆瓣 id:近视眼女郎

（路程,上海外国语大学文学研究院助理研究员,《导读阿多诺》译者）

我个人以为,无论从学术还是知识普及的角度来说,系统引进导读类的书都是多多益善的。当我想了解某位思想家,首先会做的,也是去寻找一些靠谱的导读书来看。

豆瓣 id:年方十八发如雪

国内许多入门级、导论级著作,往往都是引了过多的原文,而非对文本本身的解读。换言之,本来是要作者来解释文本,结果成了作者从原著中摘了几句话,让读者自行领会。或者直接就是由作者的一些论文拼凑出来。这样的后果自然是让初学者一头雾水,完全起不到导论的功能。

相比而言,Critical Thinkers 这套书的一个优点就是由作者带领读者读文本,其次就是每本书后面的文献相对来说都比较齐全,有助于进一步的研究,最后是该系列的很多思想家都是国内很少涉及的,比如阿甘本等,引进来也有开拓作用。总之,老少咸宜。

豆瓣 id:Igitur

（于长恺,爱好阅读法国当代哲学书籍）

毕竟从原著开始着手,需要忍受其本身的拧巴语言风格,西式的语法结构,不同的文化背景、语境。能够有可靠、系统的介绍文本为后续的阅读指引道路,可以节省许多绕弯路的时间,减少初学者的挫折感,增强学习兴趣。

豆瓣 id:H.弗

(卢毅,复旦大学哲学学院)

这些著作就成了维特根斯坦所说的"梯子",特别是初学者在很大程度上需要借助它们来对某位思想家基本的思想观点先有个大致的把握和了解,这样,一方面可以帮助人们铺平一些道路、消除一些畏难心理,另一方面可以作为一个引子更好地激发起人们的学习兴趣而不只是无助感与挫败感。

豆瓣 id:Gawiel

(马景超,美国维拉诺瓦大学[Villanova University]哲学系博士在读,《导读波伏瓦》译者)

我以前在国内读书的时候,也经常感到这样的不便,尽管黑格尔、康德和海德格尔等寥寥几位有一些不错的入手读物,但是大部分人还是缺乏类似的读物来引荐。我也非常希望能够通过"地图书"来改变大家的读法,否则,对于很多学科和很多学者都只是停留在泛泛了解一点的程度上,很难进行有建设性的学术研究。比如,人人都知道福柯谈"权力",然而什么是权力,则需要深入阅读福柯的几本作品,并且能够将不同作品里面的理念联系起来,才能有所了解,否则只是在用我们日常语言中的"权力"去套用福柯的牙慧。如果没有导读性质的作品,读者(尤其是本来就没有精读压力的人)就很容易停留在套用牙慧这个地方,而对于真正有意思的书望而却步。

还有像巴特勒(Butler)这样的作家,作品中有一些话看上去很有力("性别是一种操演"),但是理解前后文就需要知识背景("主体由操演建构")了。那么,如果没有导读类的书,一般读者很容易就理解为:一个人可以自由决定自己扮演男性还是女性,而这恰恰是巴特勒(作为反人文主义[anti-humanism]传统的继承)最不可能持有的观点,她想说的恰恰是自我的形成过程中,性别作为一种操演已经参与了这一形成,因此没有性别之外、语言之外的"无性别"、"前性别"的主体。

这些都是我常见到的误解,我觉得也许导读类书的引介可以改变这种"好读书不求甚解"的现状,尤其是对于并非哲学专业,但是需要运用到哲学理论的人,导读类的书更可以起到介绍理论背景和避免断章取义的作用。

豆瓣 id:迷迭香

(李素军,中国社会科学院文学所博士研究生)

作为一个理论专业的学生,我深知直接读原著的个中艰辛。理论难读的原因之一是翻译,抛却误译等人为因素,西方思想转换到中文语境里所带来的语言的晦涩也是一个很大的问题;其二,每个思想家都有自己的理论语境,他在继承什么,反对什么都不是短时间内可以看明白的,换言之,我们得摸清楚他的理论轨迹。

豆瓣 id:霍拉旭的复仇

(汪海,中国人民大学文学院讲师)

从学生过来的我,也经历过一个阶段,听到很多老师强调直接阅读原典,生怕受二手资料的影响。但实际上,若没有一个导读的阶段做宏观把握,直接读原典的结果就是不知所云,看了就忘。

我个人从来不相信"白板说",以为学生在不读二手书之前是纯洁的、不受污染的、具有反思力的"白板"。没有大量的阅读,根本培养不出反思力,导读是必需的,最好是有多重不同看法和角度的导读。

极其要不得的是对原典的态度——面对"名著"没有一颗平常心:或者极其功利地想要推翻它,从而证明自己的高明;或者直接拜倒,因为它是"典",是权威。好的读书方法就是培养好的民主政治素质,要学会听不同的意见,"名著"之所以是名著,不是因为它是"典",是权威(虽然它有权威性),而在于它是一个伟大的空间,容得下太多的探讨、太多的声音,不断激发更多的思考、更多的创造,所以才有那么多人前赴后继地走进来。

导读不妨把它看作是一个邀请、一个好客的举动,带我们进入原著的空间,而不是助教,不是训导,不是"原著"这个白胡子老头打算教训弟子之前的开场白或者清清嗓子。

导读也是前人外出探险之后留下来的攻略,不可能事事准确、面面俱到,它邀请你历险,最后写出自己的攻略。

前面说过,我不相信白板——没有单纯的读者。没有导读的读者,他会用从前未经反思的有限阅读经验当导读。如果他自以为此前完全没有受过二手思想的影响,他反而缺乏对自我的反省和批判。

译者前言

> 一种阅读的条件，
>
> 显然是在于它给其自身加诸了种种限制。
>
> ——拉康（S20,62）

大约在一年前，重庆大学出版社的编辑邹荣先生在豆瓣上找到我，询问我觉得是否有必要或可能从国外系统引进一批适合当代西方学术思想入门的"地图书"。这在一方面是因为当代西方的一众哲学家，尤其是战后法国哲学这一脉，素来以其思想之特异性及其文本之晦涩性导致难以进入而闻名，故而在相关专业领域内就需要有一些相对靠谱的"导读性"著作，而另一方面也是因为想借此方便那些非哲学类专业出身，但却有欲望想要探究相关领域知识的普通读者。恰好在此机缘之下，我们一拍即合，于是便有了这套"思想家和思想导读"丛书当中的《导读拉康》的翻译和出版。

众所周知，拉康的著述及其风格向来以晦涩难懂而著称，甚至对于那些长久浸染在哲学思辨并游走在文化领域之中的专家学者而言，想要"搞懂"拉康在某种程度上也不可谓不是一种智识上的挑战。至于拉康思想的此种艰涩性，想必自然是有其缘由的，而非像某些批评家所指摘的那样，仅仅是为了故弄玄虚！

这一方面是因为在 20 世纪前半叶，由弗洛伊德在"未尽之哥白尼革命"的名目下所掀起的精神分析运动主要面临传播和发展的任务,最终以他所谓的"现代瘟疫"的形式铺天盖地般地席卷了整个世界,由此导致了精神分析理论的广泛普及乃至精神分析实践的严格制度化,从而以"无意识"(我国学者有的将其误译作"潜意识")和"俄狄浦斯情结"为首的一干精神分析概念,便随即组成了公众文化生活里的关键能指,进而蔓延渗透到了几乎所有的人文社科领域,构成了一个时代的思潮和风尚。这样一种局面的结果,致使弗洛伊德在私人领域内就无意识所作出的伟大发现猛然间沦落成了在公共领域内唾手可得乃至人尽皆知的常识性事物,以至于精神分析在理论上一度丧失了其自身作为真理的效力,同时在实践上也大大削弱了精神分析家们操作临床解释性技术的基础——这要么是因为分析家的洞见已然是分析者可以根据阅读而获悉并预期的解释,要么是因为分析者会根据其自身对于精神分析理论的理想化认同而以其自身症状的制作去迎合分析家的解释。

另一方面,随着弗洛伊德的逝世,在精神分析的学科内部围绕着大师思想遗产的争夺也相应分化出了诸多不同的流派。这些"后弗洛伊德主义"或"新弗洛伊德主义"的流派不是宣称自己掌握了弗洛伊德思想的真理,就是宣称自己解决了弗洛伊德遗留的悖论。或者,我们用拉康的话说,它们皆吹嘘自己超越了它们其实并不知道的东西,同时它们只保留了一丁点儿弗洛伊德的学说,足以使它们觉得自己以其经验来阐明的理论与弗洛伊德的学说多么一致或不一致就够了,从而在一定程度上皆保守或反动地背离了弗洛伊德。

正是在精神分析于外式微、于内轰乱的这一历史背景之下,拉康在20世纪50年代便提出了他的"回到弗洛伊德"的口号,企图在弗洛伊德所开启的精神分析领域之中重铸其真理的利刃，而他借助现代语言学工具而形成的那种独特的"谵言式"风格，自然就成了他为避免精神分析再度沦为烂大街的常识性货色而拙劣模仿无意识言说的极端表现方式——看似费尽心机，实则用心良苦！只是如此一来，拉康便无疑是给他的读者们留下了重重理解的困难——况且他也自诩是无法被理解的，因为"理解"之于他而言更多是在想象层面上的一种事后的制作，因为你的理解无可避免地会通过你的既往知识体系和经验组织的建构，而在此种意义上说，你自以为理解的也不过是你已经理解了的东西——正因如此，为了读"懂"这个令人费解的拉康，我们就必须借助于那些自称是"懂得"拉康的行家们的解释和制作。

　　随着拉康的精神分析思想日益为学界所关注（参见：本书"拉康之后"），在众多领域内也相继问世了数以百计的旨在解读并阐释拉康的介绍性和研究性著作，这一点可在本书最后的"进阶阅读书目"中窥见一斑。然而，从根本上说，这些旨在阐明拉康意义的著说（尽管其中不乏上乘之作，本书自然也归属于此类范畴），皆无外乎是试图以"理性"的目光来填补或抵抗拉康以其文本的艰涩（据拉康所言，他的《书写》是无意遭人阅读的"垃圾出版物"）而有意为读者所洞开的这一把无意识作为"反理性"和"反理解"来实践的道路。

　　因而，严格地说，由英国学者肖恩·霍默书写的这本小册子，无论在何种意义上，都无以堪称是一种特别拉康派的阅读，因为它的立意远非在于拉康为之倾注了毕生心力的精神分析理论与实践的事业，而是将其视野的焦点转向了拉康理论在其他人文社科领域里的"应用"范畴，从而在拉康之为大他者的意义上为我们给出了一个"另外的拉康"(Autre Lacan),亦即一个在精神分析的辞说之外被盗以理论享乐之名的拉康。

然而,既然作为一种阅读,那么诚如拉康所言,它就必然有其加诸于自身的种种界限。因此,我们便不能指望或期待这样一部导读性质的小册子能够涵盖拉康跨越半个世纪的思想历程和他将近三十年的教学生涯,同时兼顾拉康理论与临床的扭结乃至拉康思想在其他领域的影响和发展,因为那毕竟是一种近乎于不可能完成的任务,也因此始终要求着我们在阅读拉康上作出不懈的努力,而这正是拉康在其《书写》卷首导言的最后为我们所指明的方向。

话说回来,尽管此书并未涉及拉康在精神分析的实践领域内所煽动的变革,以及在此种变革下所产生的颠覆性的话语实践方式,然而,这并非意味着此书的旨归就远离了我们在此言及的"拉康"。恰好相反,因为作者所基于的这种跨学科的研究取向和视角,恰恰是拉康之为拉康的必由之道路:

毕竟,倘若没有索绪尔的普通语言学,没有列维-斯特劳斯的结构人类学,没有海德格尔的哲学现象学,凡此种种,倘若没有这些精神分析学的"外部",我们很难去想象还会有哪个横空出世的"拉康"可以从精神分析学的"内部"令弗洛伊德的那张现代主义的老脸褶皱成如此一番后现代的模样。正是这样一个"外在"的绽出的地点,被拉康认为是无意识主体的"存在的核心",而我们也正是凭借由本书所提供的一个"外部"的地点来返回拉康思想的核心。假如从这个意义上说,本书倒也自然称得上是一部理想的"拉康导读",因为它不但给外来者提供了一个可供进入的地点,同时也给行内人提供了一个可供返回的位置,从而把拉康精神分析思想的"存在"(ex-sistence)与"坚持"

(*in*-sistence)建立在了一种莫比乌斯带式的拓扑翻转之上。

　　至此,我们便可以制作一种拉康式主体的"异化"与"分离"。因为在阅读拉康的问题上,无论是富有经验的学者还是初入门径的读者,都尤其会产生一种偏执狂知识的误认,譬如说,尝试以拉康的理论眼光来看待周遭人与事,妄想可以透过拉康的理论来解释一切,或是以拉康思想的艰深来标榜自己的智识乃至成就自身独特的存在,为拉康的理论语言所异化而享乐不自知,最终化身为我们在精神分析的意义上通常所谓的"病人"(我们自诩是"拉康派"分析家的生意其实有很大一部分便是如此招揽来的,所以我曾说,可别因为我是一个拉康派而来找我做分析,因为那绝非是你想要的,亲!)。

　　精神分析,特别是拉康派的精神分析,并非像人们通常所以为的那样首先是一种治疗精神疾苦的方法,恰恰相反,在心理治疗领域的众多流派之中,唯有精神分析承认其本身乃是一种在要求不被"治愈"的症状,也唯有精神分析家敢于承认自己乃是"病人"症状化生产的剩余,因为恰恰是这一症状的残渣为我们在身心的痛苦之余开放了无意识的享乐之维,此即拉康所谓的"圣状"。

　　然而,一旦我们在精神分析的探索领域里被卷入了拉康这个大他者的欲望,那么遵从他的教诲——"不要在自己的欲望上让步"——我们就势必会沿着这个大他者的欲望去追问我们自身的欲望,从而在此种欲望辩证法的博弈和挣扎之中逐渐摆脱大他者之于我们的影响,最终找到归属我们自己的一番天地,以此偿还我们欠下大他者的象征性债务:齐泽克如是,巴迪欧如是,作为弗洛伊德徒子徒孙的我们若要肩负起传递精神分析的使命则更应如是!

在此，作为本篇前言的最后一环，我想首先感谢重庆大学出版社的编辑邹荣，倘若没有他在本书翻译过程中给予我的耐心沟通和及时反馈，以及他在若干出版事宜上所作出的艰辛努力，想必这本《导读拉康》的小册子也无缘呈现在广大读者的面前，而作为此书延续的《导读弗洛伊德》和《拉康派精神分析介绍性辞典》也将由我翻译并在重庆大学出版社出版。

其次，我想特别感谢四川大学应用心理学系精神分析与心理治疗方向的霍大同教授。自留法归国以来，霍先生一直致力于把拉康精神分析思想的体系纳入中国本土化的无意识实践中，近二十年来依托于四川大学和成都精神分析中心培养出了一批又一批精神分析取向的临床心理学工作者，不遗余力地推动着弗洛伊德事业在中国的传播与发展。霍老师平日教学之严谨，行事之低调，论为人为学，皆令我钦佩，我虽非他嫡系弟子，然霍老待我视如己出，有如孩子般爱护，不但包容了我曾经不可一世的年少轻狂，作为分析家更是始终扶持并使我继续坚定地走在精神分析的探索道路上。

再次，感谢我的好友贺罡先生专门为此书撰写的评论，以及昔日在成都精神分析中心曾在专业上给予我指导和帮助的几位师长和挚友，他们是严和来、姜余、居飞、王剑、邹静、张涛、石岩、王亮、何璇、潘恒、孙聪、孟翔鹭、徐雅珺，以及王润晨曦，等等。

最后，我想要感谢我的妻子周易，感谢她一直以来在生活上给予我的关怀以及在事业上给予我的支持，特别是她作为本书的第一读者，在译文的流畅性和可读性方面为我提供了无数宝贵的意见，从而大大弥补了我在中文驾驭能力上的不足，更是为本书增色不少。

当然，翻译作为从一种语言转换到另一种语言的过程，其本身不可避免会导致一些意义的丧失乃至于理解的变更。谨此希望拙译能够为读者打开一个相对开放的空间，以期能够帮助读者在自己想要知道的欲望下对拉康思想及其影响形成一种带有个人化痕迹的症状式阅读。至于译文中难免出现的疏漏之处，于此也恳请广大读者和专家朋友们批评指正。

李新雨

2014 年夏于西安

丛书编者前言 [1]

本丛书提供对影响文学研究和人文学科的主要批判思想家的介绍。当在研究中遇到一个新的名字或概念时，本丛书中的某本可以成为你阅读的首选著作。

丛书收录的每一本著作都将通过解释一位重要思想家的核心观念，把这些观念置入语境并且——也许，最重要的是——向你展示为什么这位思想家被认为是重要的，来帮助你进入她或他的原始文本。这是一套不需要专门知识的简明、清晰的导读系列。尽管聚焦于特定的人物，本丛书也强调，没有一位批判思想家是在真空中存在的。相反，这样的思想家是从更广泛的智识的、文化的和社会的历史中出现的。最后，这些著作将在你和思想家之间搭建一座桥梁：不是取代原文，而是补充她或他的作品。

编写和出版这些著作是非常必要的。在 1997 年出版的自传《无题》(*Not Entitled*) 中，文学批评家弗兰克·克默德 (Frank Kermode) 描写了发生在 20 世纪 60 年代的这样一段时间：

1　本前言由王立秋 (豆瓣 id：Levis) 翻译。——编者注

在美丽的夏日草地上,年轻人整夜地躺在一起,从白天的劳顿中恢复过来,聆听着巴厘音乐家的巡回演出。在毛毯和睡袋下,他们懒洋洋地谈论着当时的大师们……他们重复的大多是传闻;因此我在午休时,非常即兴地提议,做一套简短、廉价的丛书,提供对这些人物的权威而易懂的导读。

对"权威而易懂的导读"的需要依然存在。但本丛书反映的却是一个不同于 20 世纪 60 年代的世界。随着新的研究的发展,新的思想家出现了,而其他思想家的声誉则盛衰不一。新的方法论和挑战性的观念在艺术和人文学科中传播开来。文学研究不再——倘若它从前如此的话——仅仅是对诗歌、小说和戏剧的研究与评价。它也是对在一切文学文本和对这些文本的阐释中出现的观念、问题和疑难的研究。别的艺术和人文学科也发生了类似的变化。

新的问题也随之出现。在人文学科的这些剧变背后的观念和问题,经常被不以更广泛的语境为参照地呈现出来,或被呈现为你可以简单地"加"在你阅读的文本上的理论。当然,有选择地挑出某些观念,或使用手头现成的东西并没有什么错,而且确实有一些思想家认为事实上我们能做的就是这些。然而,有时人们会忘记,每一个新观念都是出自于某个人的思想的底样及其发展,而研究他们的观念的范围和语境是重要的。与"浮于空中的"理论相反,本丛书贯之始终的是把这些重要思想家和他们的观念放回它们原本的语境中去。

不仅如此,本丛书收录的著作还反映了回归思想家自己的文本和观念的需要。一切对某个观念的阐释,甚至是看起来最

为单纯的阐释,也会或隐或现地给出它自己的"有倾向性的陈
述(spin)"。只阅读论述某位思想家的著作,而不读该位思想家
的文本,就是不给你自己做决定的机会。有时,使一位重要人物
的作品难以进入的,与其说是它的风格或内容,不如说是(读
者)不知道从哪里开始的那种感觉。本丛书的目的,就是通过
为这些思想家的观念和著作提供一个容易理解的概述,通过引
导你从每位思想家自己的文本开始进行进一步的阅读,来给你
一个"入口"。用哲学家路德维希·维特根斯坦(1889—1951)
的比喻来说,这些书是梯子,是在你爬到下一层楼后要扔掉的东
西。因此,它们不仅帮助你进入新的观念,也会通过把你领回理
论家自己的文本,并鼓励你发展你自己的有依据的意见,来给你
力量。

最后,这些书之所以是必要的,是因为,就像智识的需要已
经发生变化那样,全世界的教育系统——通常导读就是在这个
语境中被阅读的——也发生了根本的变化。适合20世纪60年
代的精英型高等教育系统的东西,不再适合21世纪更大、更广、
更多样的高科技教育系统了。这些变化不仅要求新的、与时俱
进的导读,也要求新的介绍方法。本丛书的介绍方式,就是着眼
于今天的学生而发展出来的。

丛书收录的每本书都有类似的结构。它们一开始的部分,
都提供对每位思想家的生平和观念的概述,并解释为什么她或
他重要。每本书的核心部分,都讨论了该思想家的核心观念,这
些观念的语境、演化和接受(情况)。每本书也都以对该思想家
之影响的审视——概述他们的观念如何被其他思想家接纳和阐
发——作结。此外,每本书的书末,都附有一个建议和描述进阶
阅读书目的部分。这不是一个"附加的"内容,而是全书不可或
缺的组成。在这个部分的第一部分,你会发现对书中所涉及思

想家的核心著作的简述;此后,是关于最有用的批评著作的信息,有时候也有一些相关网站。这个部分将引导你的阅读,使你能够跟随你的兴趣并发展出你自己的计划。丛书中的注释是按所谓的哈佛系统(在文本中给出作者的姓名和参引著作的出版日期,你可以在书后的参考文献中查到完整的信息)给出的。这种注释方式在极小的空间中提供了大量的信息。丛书也会对技术性术语加以解释,并用方框插入对一些事件或观念的更加细节性的描述。有时,方框也用于强调一些该思想家惯用或新创的术语的定义。这样,方框在某种程度上也起到了术语表的作用,在快速浏览全书时很容易找到它们。

丛书收入的思想家是"批判的",出于三个原因。首先,我们按照涉及批评的主题来考察他们:主要是文学研究或者说英语和文化研究,但也涉及其他依靠对书本、观念、理论和未受质疑的假设进行批判的学科。其次,他们是"批判的",因为研究他们的作品将为你提供一个"工具箱",这个"工具箱"将服务于你自己的有理据的批判的阅读和思考,而这一阅读和思考,将使你成为"批判的"。再次,这些思想家之所以是批判的,因为他们至关重要:他们与观念和问题打交道,这些东西能够颠覆我们对世界、对文本、对那些想当然地接受的一切的常规理解,给我们对我们已经知道的东西一种更加深刻的理解,给我们新的观念。

没有导读能告诉你一切。然而,通过提供一条进入批判思考的道路,本丛书希望让你开始参与这样一种生产性的、建设性的、可能改变你一生的活动。

致　谢

我想要感谢鲍勃·伊格尔斯顿(Bob Eaglestone)与利兹·汤普森(Liz Thompson)在本书写作期间给予我的耐心和鼓励。我还想感谢尤金妮·乔加卡(Eugenie Georgaca)对本书提出的非常宝贵的批评和建议。

为什么是拉康？

雅克·拉康（Jacques Lacan, 1901—1981）可以说是自精神分析的创始人与发起者西格蒙德·弗洛伊德（Sigmund Freud, 1856—1939）以来最重要的精神分析学家。尽管拉康的著作饱受争议，但是他的思想却变革了同时作为一套无意识心智理论与一种临床实践方法的精神分析。目前，世界上已有超过半数的分析家都在使用一些拉康派的方法。与此同时，拉康在诊疗室范围之外的影响，在一众现代精神分析思想家当中也是无人能及的。拉康的思想现已遍及文学批评、电影研究、女性主义与社会理论等各个学科，并被应用在诸如教育研究、法律研究与国际关系等不同领域。如今，对于任何一位人文社科方向的学者而言，不在某种层面上与拉康的思想交锋几乎是不可能的：倘若不是直接触及拉康的思想，那么也会通过某位被他所影响（或是被他所激怒——正如我们将要看到的那样）的思想家而间接

触及他的思想。例如,劳拉·莫微的《视觉快感与叙事电影》
(1975)[1]、杰奎琳·罗斯的《视觉领域中的性欲》(1986)[2]、肖珊
娜·费尔曼的《文学与精神分析——阅读问题:在其他方面》
(1982)[3]、彼得·布鲁克斯的《情节阅读》(1992)[4],抑或是路
易·阿尔都塞的《弗洛伊德与拉康》(1984a [1964])[5]以及斯拉
沃热·齐泽克的《意识形态的崇高客体》(1989)[6],这样的一些
著作现在都已经被视为其各自领域中的经典。

　　从文学研究的角度来看,在 20 世纪 70 年代中期,一批女性
2　主义与马克思主义的文学批评家率先发掘了拉康,从而重新恢
复了精神分析批评有些停滞不前的实践,并且使得精神分析重
新处在了批评理论的最前沿。起初,人们对一些弗洛伊德主义

1　劳拉·莫微(Laura Mulvey,1941 年生),英国女性主义电影理论家,其著名论文
《视觉快感与叙事电影》(Visual Pleasure and Narrative Cinema,1975)促使电影
理论的研究转向了精神分析的框架。——译者注

2　杰奎琳·罗斯(Jacqueline Rose,1949 年生),英国学者,在精神分析、女性主义
与文学批评等研究方面多有建树。《视觉领域中的性欲》(Sexuality in the Field
of Vision,1986)一书是其早期思想的代表作。——译者注

3　肖珊娜·费尔曼(Shoshana Felman,1942 年生),美国文学批评家,其研究领域
主要涉及近现代法国文学与拉康派精神分析批评。《文学与精神分析——阅读
问题:在其他方面》(Literature and Psychoanalysis,The Question of Reading:Other-
wise,1982)是由她担任主编的一部论文集。——译者注

4　彼得·布鲁克斯(Peter Brooks,1938 年生),美国学者,耶鲁大学比较文学系斯
特林讲席名誉教授,其研究横跨英法文学、法学以及精神分析等多个领域。《情
节阅读》(Reading for the Plot,1992)是他向同在耶鲁的比利时文学批评家兼文
学理论家保罗·德曼(Paul de Man,1919—1983)致敬的处女作。——译者注

5　路易·阿尔都塞(Louis Althusser,1918—1990),法国当代著名哲学家,以其意
识形态理论立足于西方马克思主义思想阵营。他在《弗洛伊德与拉康》(Freud
and Lacan,1984a[1964])一文中将拉康精神分析引入了意识形态与主体性的
研究,从而在很大程度上推动了当时的法国知识界对拉康思想的接纳。——译
者注

6　斯拉沃热·齐泽克(Slavoj Žižek,1949 年生),斯洛文尼亚哲学家、文化批评家兼
精神分析学家,长期致力于沟通黑格尔、马克思与拉康的理论,凭其处女作《意
识形态的崇高客体》(The Sublime Object of Ideology,1989)在世界范围内迅速"蹿
红",一度成为 20 世纪 90 年代以来西方最耀眼的学术明星之一。——译者注

与后弗洛伊德主义的文学读物寄予了极大的热情（关于这批经典弗洛伊德主义读物的情况，见：Wright，1998），在此之后，精神分析批评便一度沦为一种在文本中辨别俄狄浦斯剧本（Oedipal scenario）并测定阳具象征主义（phallic symbolism）的简化实践。然而，拉康的一系列观念——诸如无意识像语言那样结构（见：第4章），以及象征秩序与主体之间的关系（见：第2章）等——却开启了一种全新的方式，来理解无意识的欲望在文本中的上演。由此，精神分析批评的对象，便不再是去搜寻阳具的象征，也不再是去解释哈姆雷特之所以迟迟不报他的杀父之仇是因为他压抑了自己对其母亲的性欲望（见：Jones，1949），而是透过语言去分析无意识的欲望在文本中借以表现出来的方式。因此，拉康派批评的焦点，便不是集中在人物或作者的无意识之上，而是集中在文本自身乃至文本与读者之间的关系上。在电影研究与女性研究的领域中引进这些来自巴黎且往往是怪异而陌生的思想，几乎就等同于这些研究领域在20世纪70年代作为大学学科的建立。拉康有关镜子阶段（mirror phase）与自我形成（formation of the ego）的理论（见：第1章），就曾被许多电影理论家当作一种模型，来说明被投射到屏幕上的电影与其如何感染到电影观者或影院观众之间的关系。至于一个主体是怎样在社会世界中将其自身作为一个"我"来加以认同的，拉康在这一问题上的复杂理念，也曾被看作是一种有益的方式，来理解影院观众何以会认同于屏幕上的形象，而不只是简单地鉴别出那些正面的形象和负面的形象（通常，男人的形象更多是强壮且正面的，而女人的形象则更多是被动或负面的）。此外，拉康还发展了弗洛伊德有关性别差异（sexual difference）的理论（见：第6章），从而在女性研究与性别研究的领域中开辟了一些新的讨论范围。在 20 世纪 70 年代,女性研究往往聚焦在性别的社会性方面,着眼于社会和家庭对于教养和身份的影响。拉康派精神分析则强调主体性(subjectivity)与无意识和语言的关键联系,并且把性别差异理解成是在无意识的层面上被构成的,正是这些观念,在很大程度上促成了女性研究与性别研究中的此种倾向。最后,在社会理论与国际关系的领域里,也涌现出了一批人物,诸如斯洛文尼亚的拉康派哲学家斯拉沃热·齐泽克,其著作极大地影响了我们对于那些潜藏在社会冲突与国家冲突以及种族主义、性别歧视乃至同性恋恐惧症(homophobia)之下的无意识过程和无意识幻想的理解。在后续的章节里,我将回来解释所有这些术语和所有这些问题,并特别聚焦于拉康思想在文学批评与文化研究的领域中获得应用的方式。

那么,我们可以如何来概括拉康的事业和他对理论的贡献呢?精神分析起源于弗洛伊德的著作,并且时至今日仍旧根植于他的理论。然而,继弗洛伊德之后的每一代分析家,却无不试图去更新或修正他的那些理论,并试图去解决他所遗留下来的那些矛盾。拉康认为,正是经由这种不断修正的过程,精神分析丢弃了其最初的目标,以至于它变得保守或反动。虽然精神分析淡化了其理论中的那些较为令人不适与令人不安的方面——尤其是潜藏在我们精神生活中的压抑物、无意识以及欲望的存在——并以此赢得了人们的尊重,但是它却丧失了其根本的利刃。因此,在 20 世纪 50 年代初,拉康即公然宣称一种"回到弗洛伊德"(return to Freud)的必要性,也就是说,回到弗洛伊德自己的文本,并回到对这些文本的仔细阅读与理解。在接下来的 26 年里,拉康便一直投身于这项研读计划,并在此过程中重新建立了精神分析的理论。

　　因而,为了让我们更好地了解拉康的这项计划与它的重要意义,把拉康的作品置入法国精神分析发展的历史背景下来简要地考虑就是至关重要的。在后续的章节里,我将更加详尽地讨论拉康思想的这些背景,不过,在我们开始更加细致地着眼于他的著作之前,在此提供一篇综述也是非常重要的。

拉康的背景

　　拉康成长于巴黎蒙帕纳斯(Montparnasse)街区的一个生活舒适的中产阶级天主教家庭。他早年曾进入当地享有盛名的天主教会学校斯坦尼斯拉斯中学(Collège Stanislas)读书,在学校里,拉康被公认是一名非常聪慧的学生,尽管他并非超常。不过,拉康却在宗教研究与拉丁文方面表现得十分出众。在校期间,他便对哲学萌生出了一种持续终身的激情,特别是对于巴鲁克·斯宾诺莎[1]的著作,其作品主要涉及上帝存在(God's existence)的观念。斯宾诺莎虽然是犹太人,但却因为他的作品而被当作异教徒逐出了教会,同时基督徒们还谴责他是一位无神论者。在中学时,拉康便把斯宾诺莎这位"无神论者"死后出版的《伦理学》一书的图解挂在了自己卧室的墙上——这一行径根据他的中产阶级天主教教养来看显然是具有颠覆性的,而且这一举动还常常被解释成预示了他在日后对体制和权威的态度。中学毕业之后,拉康继续学医,并因为对精神病现象产生浓厚的兴趣而专攻精神病学。他原本打算从事精神病学领域中的传统职业,直到20世纪30年代初,他在智识上发生了两次关键的邂

4

1　巴鲁克·斯宾诺莎(Baruch Spinoza,1632—1677),荷兰哲学家,西方近代哲学史上唯理论的主要代表人之一,与法国的笛卡尔和德国的莱布尼茨齐名,代表作有《伦理学》与《神学政治论》等,其中《伦理学》一书对拉康产生了巨大的影响。——译者注

近:第一次是在 1930 年,他在一本超现实主义杂志上读到了萨尔瓦多·达利[1]有关"偏执狂"[2]的一篇文章——达利当时还是一位鲜为人知的画家;第二次是在 1931 年,他开始阅读弗洛伊德的著作。正是这两次思想上的交锋,驱使了拉康毕生都在从事精神分析的事业,并对其领域进行不断的改革。

精神分析可以说是肇始于弗洛伊德与《释梦》(*The Interpretation of Dreams*,见:1991a)在 1900 年的出版,此后不久,弗洛伊德又接连发表了一系列文本,诸如《日常生活的精神病理学》(*The Psychopathology of Everyday Life*,1901 年出版,见:1991b)、《诙谐及其与无意识的关系》(*Jokes and their Relation to the Unconscious*,1905 年出版,见:1991c)以及《性欲三论》(*Three Essays on the Theory of Sexuality*,1905 年出版,见:1991d)等。在 20 世纪 20 年代,随着人们对精神分析这一新兴学科的兴趣与日俱增,它在不同的国度也受到了极其不同的对待。起初,在北美和英国,精神病学与心理学行业都欣然接受了弗洛伊德所谓的这

1　萨尔瓦多·达利(Salvador Dali,1904—1908),西班牙著名超现实主义画家,其作品以探索无意识的意象而著称,其"偏执狂批评"对拉康的镜像理论产生过重要的影响。——译者注

2　在精神病学上,"偏执狂"(paranoia)是指以妄想为主要特征的一种精神病形式。弗洛伊德曾经认为,偏执狂是一种针对同性恋的防御,而妄想则是一种旨在治愈的企图。拉康早年曾在其博士论文中讨论了偏执狂与人格的关系,而在 1955 年至 1956 年的《精神病》研讨班上,他又回到了这一主题,认为弗洛伊德关于偏执狂的同性恋根源的理论是不充分的,并继而指出"排除"(foreclosure)的运作是精神病的特殊机制,即"父亲的名义"(Name-of-the-Father)这个基本能指被排除在象征秩序之外,从而导致精神病的主体无法进入"父性隐喻"(paternal metaphor),被关闭在与母亲享乐胶着的想象二元关系之中,并因而无法进入俄狄浦斯情结。拉康认为,"父性隐喻"的失败会导致意义的松动与瓦解,因而偏执狂主体便会发展出一种"妄想隐喻"(delusional metaphor),试图以此来固定意义的世界。此外,在拉康看来,"自我"具有一种偏执狂的结构,因为自我本身即是偏执狂异化的一部分;同时,知识也与偏执狂的误认有着一定的关系,甚至人类的知识本身就是一种偏执狂的建构;而在临床实践方面,拉康也主张精神分析治疗势必会在主体身上引入一种"有控制的偏执狂"。——译者注

场"现代瘟疫"（modern plague）。在现代主义的文学领域里，弗
洛伊德也同样极具影响，特别是他受到了小说家兼批评家弗吉
尼亚·伍尔夫[1]与"布鲁姆斯伯里团体"（Bloomsbury Group，即：
伍尔夫在其中成名的知识分子圈）的大肆宣扬。然而，在法国，
精神分析却在科学、医学、宗教与政治等各个方面都遭到了拒
绝。正如一位批评家所评论的那样："法国人在如此众多的方
向上反对精神分析，以至于法国的文化适合被说成是一种'反
精神分析'的文化"（Turkle，1992：27）。实际上，甚至在20世纪
50年代至60年代初，法国的精神病学也仍然是明确反精神分
析的。为了应对这样一种反对的意见，在玛丽·波拿巴（弗洛
伊德的早期弟子与最亲密的伙伴之一）[2]的领导下，法国精神分
析机构坚持认为精神分析是一门与医学严密一致的科学。于
是，波拿巴及其在巴黎精神分析学会（Société Psychanalytique de
Paris，简称SPP）中的支持者们，便强调精神分析的生物学与医
学方面，并要求任何希望成为分析家的人必须首先经历一个医
学的训练。

　　然而，超现实主义却给青年拉康提供了一条通往精神分析
的另类途径，并给他提供了一条与其在精神病学中的临床实践
相联系的关键纽带。超现实主义者们全然接受了精神分析，在
拉康学医期间，他便与这场运动形成了一些强劲的联系。超现
实主义是在第一次世界大战之后兴起于巴黎的一场文学与艺术

5

1　弗吉尼亚·伍尔夫（Virginia Woolf，1882—1941），英国女作家，被誉为20世纪
　　现代主义文学与女性主义的先驱，代表作有小说《黛洛维夫人》、《灯塔行》与
　　《雅各的房间》等。——译者注

2　玛丽·波拿巴（Marie Bonaparte，1882—1962），法国精神分析家，拿破仑的曾任
　　孙女，1926年在弗洛伊德的支持下创建"法国精神分析学会"（SPP），以其雄厚
　　的家族财力和社会声望为精神分析运动的普及作出了巨大的贡献，并在"二
　　战"期间帮助弗洛伊德逃脱了纳粹的迫害。——译者注

运动,它的发起人是作家兼诗人安德烈·布勒东[1]。布勒东精通弗洛伊德论梦的著作,他曾开创了一种叫作"自动书写"(spontaneous writing)的技术,以期能够自由地表达出那些无意识的思想与愿望。同样,像达利这样的一批超现实主义画家,也试图画出他们梦中的"现实",他们把梦境看作是比我们日常世界的平凡现实更加"真实"的事物。正是在这样的背景下,拉康在1932年完成了他的博士论文《论偏执狂精神病及其与人格的关系》(*Paranoid Psychosis and Its Relations to the Personality*)。几乎在同一时间,拉康开始在鲁道夫·勒文斯坦[2]那里接受分析,后者是SPP最著名的训练性分析家(training analyst,即:在学会中被公认的有资格训练其他分析家的精神分析家)。因为批评家们向来都质疑拉康的个人分析是否成功,以及他是否完成了这一分析,所以围绕着拉康的个人分析始终存在着一些争论。我们只知道拉康的个人分析一直都处于一种非常"暴风骤雨式"的关系,并且满怀怨恨地结束于1938年。然而,我们清楚的是,拉康花了六年时间在他的分析之中——这在当时要比通常的训练性分析更长一些——而且直到他被接受为一名训练性分析家为止,他都仍旧处在个人分析当中。在此期间,拉康与超现实主义者们的联系得到了进一步的巩固。他不但是安德烈·布勒东和萨尔瓦多·达利的朋友,后来还成为了画家巴勃罗·

1　安德烈·布勒东(André Breton, 1896—1966),法国诗人、评论家、编辑,超现实主义运动发起人之一,提倡无意识的"自动写作",其主要作品有《磁场》、《地光》、《娜嘉》与《超现实主义宣言》等。——译者注

2　鲁道夫·勒文斯坦(Rudolph Loewenstein, 1898—1976),波兰裔犹太精神分析家,法国精神分析学会(SPP)的主要创立者之一,同时也是拉康的个人分析家,于"二战"期间流亡美国,同恩斯特·克里斯(Ernst Kris)与海因茨·哈特曼(Heinz Hartmann)并称"自我心理学"的三驾马车。——译者注

毕加索[1]的私人医生。1921 年，他参加了爱尔兰作家詹姆斯·乔伊斯[2]为其小说《尤利西斯》（*Ulysses*）举办的首次公众朗读会，而在巴黎左岸的众多咖啡馆和书店里，他也是一位响当当的人物。1933 年，达利在超现实主义杂志《弥诺陶洛斯》（*Minotaure*）的首刊中提到了拉康的博士论文，而拉康本人也曾在这本杂志和其他的超现实主义刊物中发表过多篇文章。

因而，拉康的博士论文是在一种反精神分析的主流文化中写就而成的，虽然这篇论文仍旧属于既定的精神病学范畴和精神病学理论，但它同时又利用了一些超现实主义运动的另类资源。在 20 世纪 50 年代，拉康开始举办他的研讨班，并在其中系统地阐述了自己的思想，这些思想与玛丽·波拿巴强调的生物学意义和"自我心理学"（ego psychology）是针锋相对的。自我心理学是在第二次世界大战之后的数年里于美国发展起来的一种精神分析理论，它关注的是怎样强化意识心灵的防御机制，而非像古典精神分析那样，关注的是我们行为的无意识动机。拉康的训练性分析家鲁道夫·勒文斯坦——勒文斯坦曾于 20 世纪 40 年代在纳粹的迫害下流亡美国——就是自我心理学的创始人之一。拉康把此两者都看作是一种对于精神分析的背叛。他强烈反对 SPP 让分析家们经历医学训练的要求，并认为精神

6

1　巴勃罗·毕加索（Pablo Picasso，1881—1973），西班牙画家、雕塑家、立体主义画派主要代表，是 20 世纪西方最具影响力的艺术家之一，他的一生留下了数量惊人的作品，风格丰富多变，充满非凡的创造性，代表作有《亚威农的少女》《卡恩维勒像》《瓶子、玻璃杯和小提琴》《格尔尼卡》《梦》与《和平鸽》等。拉康关于毕加索的评论，可见于他的《研讨班 XX：再来一次》。——译者注

2　詹姆斯·乔伊斯（James Joyce，1882—1941），爱尔兰小说家，意识流小说代表人物，其作品多揭示西方现代社会的腐朽，以语言隐晦著称，代表作有《尤利西斯》《都柏林人》《一个青年艺术家的肖像》与《芬尼根守灵》等。拉康关于乔伊斯的评论，集中体现在他的《研讨班 XXIII：圣状》。——译者注

分析更多地与哲学和艺术站在一起,而非与医学趋向一致。打从一开始,拉康的著作便在一方面扎根于临床工作,并在另一方面扎根于对无意识与心理疾患更宽泛的文化理解之中。与英美的精神病学和心理学不同,法国的传统总是保留着一个更富诗意与美感的元素。这可能就是为什么拉康派精神分析会在 20 世纪 70 年代如此盛行于众多人文学科的进一步原因之所在。

虽然拉康的著作可能最终影响了精神分析的体制,但是从其事业生涯的开端,拉康便把自己摆在了一条与精神分析体制产生冲突的路线上。实际上,从他最早的出版物时期开始,"拉康"这个名字便与你们可能读到的那些最恶毒的批评紧密联系在了一起。在这样一篇问及拉康为何值得阅读并试图让你们了解他的影响的导论里,我们不可能不去简要地顾及一下他的名声问题,尤其是他那以晦涩难懂而闻名的声誉。

颇具争议的名声

把拉康说成是一个颇具争议的人物,其实是一种极其保守的说法。的确,拉康是一位魅力非凡的教学者,他常常被传记作家们刻画为一个爱出风头且充满魅力的纨绔子弟。他无疑是吸引到了,并且仍在继续吸引着来自其追随者和拥护者们的赤诚忠心。同时,他还极其野心勃勃、傲慢自大并且专制独裁(见:Roudinesco,1999)。如同所有魅力非凡的人物一样,拉康吸引到的谩骂与攻击几乎相当于他所收获到的支持。例如,雷蒙德·塔利斯[1]曾在《泰晤士高等教育增刊》(*The Times Higher Education Supplement*)里就伊丽莎白·鲁迪奈斯库[2]的拉康传记——在法国精神分析的历史问题上,鲁迪奈斯库或许是最重要的权威了——写过一篇评论,这篇评论就是如此开篇的:

> 那些试图拆穿被冠以"理论"之名的制度化诡计的未来历史学家们,肯定会给法国精神分析学家雅克·拉康的影响赋予一个核心的地位。如果说那些相当不可思议的思想和那些脱离证据的无限范围的断言构筑成了一张混乱不堪的蜘蛛网——众多理论的实践者们将这些思想和断言编织成了它们的人文学科版本——那么,在这张蜘蛛网的中心,拉康就是其上最肥硕的蜘蛛之一。当代理论中的诸多核心教条皆肇始于他。
>
> (Tallis 1997:20)

7

在这篇评论里,塔利斯继而宣称拉康的理论没有任何实证的基础,随后他更是对拉康的个人生活展开了无情的攻击。这篇评论在最后结束于这样一种主张,即:这个"疯子的遗产"如今只能在英国的文学系里苟延残喘,况且也只有他的病友才自称搞懂了它。

1　雷蒙德·塔利斯(Raymond Tallis,1946 年生),英国饱学之士,著述颇丰,他不仅集哲学家、诗人、小说家、文化批评家等众多身份于一身,同时还是一位退休老年病专家以及临床神经科学家。——译者注

2　伊丽莎白·鲁迪奈斯库(Elizabeth Roudinesco,1944 年生),法国历史学家兼精神分析学家,代表作有两卷本《法国精神分析的历史》(*Histoire de la psychanalyse en France*)以及《雅克·拉康:一种生活的概略,一部思想体系的历史》(*Jacques Lacan: Esquisse d'une vie, histoire d'un système de pensée*)等。——译者注

　　拉康派们可能会辩称,《书写》(*Écrits*)的宏伟建筑并
没有因为在他的生活上所揭露出来的真相而遭到破坏:大
师的思想应当以其自身的价值来获得评判。然而,由于缺
乏任何逻辑的基础或经验的证据,其思想的权威性就几乎
完全源自于其个人的权威。

(Tallis 1997:20)

从精神分析的视角来看,在这篇评论里有趣的是,作者对拉康及
其读者都进行了病态化的描写;换句话说,雷蒙德·塔利斯这位
评论家宣称,无论是作为分析家的拉康,还是作为拉康的学生和
读者的我们——倘若我们自称理解了我们正在谈论的事情(当
然,因为理解它是没有意义的)——在某种程度上都是有心理
疾患的。我们就像是被关进疯人院里的精神病人,把我们的偏
执狂妄想统统施加在了他者的身上。作为一种修辞(说服)策
略,这是十分有效的,因为它预先假定了这篇杰作的作者牢牢地
把握住了所谓的现实,而他所说的和所做的一切都是合乎理性、
合乎逻辑并且基于证据的。相对于我们这些阅读拉康而受他蒙
骗的可怜虫,这种策略行之有效地把这位评论家捧上了一个无
比优越的位置。

　　如果我们要正确地评价精神分析与拉康本人对理解我们的
文化文本(cultural texts)所作出的贡献,那么我们就需要去讨论
这篇评论所提出的两个重点。首先,从一开始,精神分析就因为
没有坚实的现实基础并因此无法证实而不断地遭受攻击。这些
攻击通常也都宣称,分析家的生活可以被用来抹黑他们的理论。
其次,这篇评论所基于的潜在假定恰恰是为精神分析所质疑的,

这种假定即是：我们关于这个世界的理论和见解与我们在其中
作为主体的位置是分离开来的。换句话说，精神分析质疑了我 8
们是纯粹理性的客观存在，也质疑了我们的行动全都是在逻辑
和理性的层面上受到驱使的。精神分析并不关乎于有逻辑的、
有理性的和有意识的事物；相反，它关乎的是非逻辑的、非理性
的和无意识的事物。精神分析着眼于我们在理性或意识的层面
上无法解释的那些思想和行为方面。本书无意探讨精神分析的
有效性，以及它的理论能否在经验上被证明或证伪。然而，我将
以其"自身的价值"来看待拉康的理论，并在其自身的语境
下——也就是说，是在弗洛伊德的著作与精神分析的历史以及
法国知识分子的生活的背景下——来评价他的理论。通过这么
做，我要指出的是，虽然拉康可能常常是自相矛盾与难以捉摸
的，而且对某些人来说甚至是令人恼火的，但是，我们还是能够
从仔细阅读和重读他的文本中获益良多。拉康，就像他的前辈
弗洛伊德一样，变革了我们思考自己与思考我们在这个社会世
界中的位置的方式。

阅读拉康

　　当你第一次拿起一本弗洛伊德的著作，无论那些被包含在
其文本中的观念可能让你觉得是多么的不同寻常与多么的令人
困惑，你都很难使自己免疫于阅读其作品本身所带来的快乐。
阅读弗洛伊德——尤其是他的那些个案研究，以及那些有关艺
术、社会与宗教的思辨性著作——就仿佛是在阅读一本优秀的
侦探小说。实际上，这恰恰是弗洛伊德最钟爱的文学体裁和对
分析的类比之一。即便你没有被弗洛伊德的那些论点所折服，
你也仍然会被他所讲述的那些故事所深深地吸引。至于拉康，

情况就不尽相同了。正如那些恼羞成怒的批评家们已然宣称的,当你第一次拿起一本拉康的著作,你便会发觉他的文本深奥难懂、错综复杂、艰涩隐晦并且是看似无法理解的,甚至以当代文学与文化理论的标准来看也是如此。这是为什么呢?

借由两则文本的同时问世,拉康的思想首先进入了英国大学的人文学系:即,阿兰·谢里丹[1]翻译的《书写选集》(Écrits: A Selection)与《精神分析的四个基本概念》(The Four Fundamental Concepts of Psycho-Analysis),这两部译作均于1977年在英国出版。对于很多学者而言,这些文本代表着他们对拉康的最初了解,而那些出自《书写》的文章,诸如《镜子阶段》(The Mirror Stage)与《阳具的意指》(The Signification of the Phallus)等,则依然是最常被人复制并录入选集的拉康作品。然而,对于阅读拉康而言,这些文本却都呈现出了一些特定的困难。

拉康首先是一位临床工作者,其次才是一位教学者。他既非一位学者,也非一位作家,并且他对大学及其所谓的大学辞说[2]也保持着深深的质疑。此外,他还对出版自己的著作心存疑虑,在其事业生涯临近结束之际,亦即在《研讨班XX》中,他竟然将自己的《书写》戏谑地称作"poubellication"(垃圾出版物):这是由法语的"poubelle"(垃圾桶)与"publication"(出版物)结合而成的一个新词。1953年,拉康开始在圣安娜医院(Hôpital Sainte-Anne:这是他曾经工作过的一家精神病医院)举

---

1 阿兰·谢里丹(Alan Sheridan,1934年生),英国学者、翻译家,其译著囊括萨特、福柯与拉康等众多法国思想家的文献,另著有《米歇尔·福柯:真理的意志》以及《安德烈·纪德:当下的生活》。——译者注

2 在拉康晚年提出的"四大辞说"体系中,"大学辞说"(discourse of the university)代表着借由知识而达成的对他者的掌控,亦即知识的霸权,例如:科学知识在现代性中就占据了一个霸权的地位。——译者注

办隔周一次的公众研讨班,而在此前的两年里,他则是在西尔维娅·巴塔耶(本姓玛克莱)[1]的公寓里开设每周一次的私人讲座——西尔维娅·巴塔耶当时是哲学家兼作家乔治·巴塔耶[2]的妻子,并在不久后成为了拉康的第二任妻子。在接下来的26年里,这个研讨班一直都在持续进行。每一年,拉康都会从弗洛伊德那里选取一则文本或一个概念,并把该年的研讨班专用于对此文本或概念的研究。这些研讨班由雅克-阿兰·米勒[3]负责主编,根据拉康从前的学生所做的笔记和抄录,其中已有不少在目前得以重新问世,而其译文的数量也在稳定地增加(详见"进阶阅读书目")。那些被收录在《书写》中的文章——其英文选集大约只涵盖了法语原版的三分之一内容——通常都体现着拉康在整整一年的研讨班期间所发展出来的思想的概括或总结。因此,《书写》不应被错误地当作是一部拉康著作的导读,毋宁说它非常凝炼地呈现了拉康思想的精髓,是其思想的集大成之作,而其受众则是那些业已熟识其思想的读者。至于那些初次阅读拉康的读者,经由其早期研讨班来着手阅读往往是更好的方式,其中的第一册、第二册、第三册与第七册目前全都得

1　西尔维娅·巴塔耶(Sylvia Bataille,本姓Maklès,1908—1993)是法国三四十年代红极一时的电影明星,她曾担任过法国著名电影导演让·雷诺阿(Jean Renoir,1894—1979)的《乡间一日》中的女主角。——译者注

2　乔治·巴塔耶(Georges Bataille,1897—1962),法国思想家、文学家、评论家,其作品涉及哲学、伦理学、神学与文学等一切领域的禁区,颇具反叛精神,被誉为"后现代思想的策源地之一",代表作有《文学与恶》《色情史》《色情、耗费与普遍经济》等。——译者注

3　雅克-阿兰·米勒(Jacques-Alain Miller,1944年生),法国著名精神分析学家拉康的女婿,也是拉康学术的继承人。米勒早期曾是法国哲学家阿尔都塞的学生,后来转入拉康门下,并成为了一名拉康派精神分析家。他于1992年创建了世界精神分析协会(AMP),是目前正统拉康派在世界范围内的领军人物。——译者注

到了广泛的发行[1]。说到这里,我们也应当意识到,正如任何一位勇于创新的思想家的理论一样,拉康的理论不是静态的,而是在其一生中不断变化并发展着的。这些早期研讨班代表着拉康事业生涯中最初的"结构主义"时期(见:第 2 章),而目前尚在拉康研究领域内进行的许多最引人关注的工作,则都吸收了他出自 20 世纪 60 至 70 年代的后期著作。本书的后半部分便着重于他的后期著作,由此便反映出了我们在品鉴拉康方面的此种变化。阅读拉康的进一步困难在于,一旦他引入了某个概念,诸如对象 a、大他者、实在界或阳具等,他虽然会在其作品中保留这一术语,但是却会逐渐改变它的意义。因而,随着拉康思想的发展,他的概念也都获得了很多不同层面的意义,然而他却从未放弃过其最初的定义。正是出于这个原因,我们便不可能对拉康的术语给出一个简单的定义,因为这些术语皆按照拉康的三大秩序——亦即:想象界、象征界与实在界——并在其教学的不同阶段中发挥着不同的作用。

在 1977 年翻译出版的第二则文本,给我们呈现了一组稍有不同的问题。事实上,《精神分析的四个基本概念》是拉康第十一期系列研讨班的刊印本。这是拉康最重要的研讨班之一,也是其著作的核心所在;同样,这期研讨班也是一篇读起来极其晦涩难懂的文本。不过,这是有一些特殊原因的。该研讨班举办于 1964 年,它标志着拉康事业生涯及其思想发展中的一个关键时刻。1963 年,拉康最终与精神分析体制决裂,并建立了他自己的学派,从某种意义上说,《研讨班XI》便是对其新方向的首

1　目前正式翻译出版的拉康英文研讨班有:《研讨班 I:弗洛伊德的技术性著作》、《研讨班 II:弗洛伊德理论与精神分析技术中的自我》、《研讨班 III:精神病》、《研讨班 VII:精神分析的伦理学》、《研讨班 XI:精神分析的四个基本概念》、《研讨班 XVII:精神分析的反面》以及《研讨班 XX:再来一次》。——译者注

次公开声明。1953 年,在精神分析的训练与医学化问题上,包括拉康在内的一众分析家纷纷离开了巴黎精神分析学会(Société Psychanalytique de Paris,简称 SPP),并继而组建了法国精神分析学会(Société Française de Psychanalyse,简称 SFP)。然而,让这些分析家当初始料未及的是,在离开"官方"学会的同时,他们也就离开了国际精神分析协会(International Psycho-Analytical Association,简称 IPA)。在接下来的十年里,SFP 与 IPA 进行了一系列的谈判来获得对其新学会的承认,因为倘若没有 IPA 的认可,他们便不能把自己称作精神分析家并从事精神分析的实践工作。1963 年,IPA 最终拒绝了 SFP 的重新加入请求,而拉康则被特别逐出了 IPA。同年,SFP 分裂,拉康随即建立了他自己的精神分析学派——巴黎弗洛伊德学派(École Freudienne de Paris,简称 EFP)。由于与 SFP 的决裂,拉康被迫把他的研讨班迁离了圣安娜精神病医院,并在马克思主义哲学家路易·阿尔都塞(Louis Althusser, 1918—1990)的邀请下——阿尔都塞当年曾发表了一篇关于弗洛伊德与拉康的重要论文——将其研讨班搬到了巴黎高等师范学院(École Normale Supérieure,简称 ENS)。ENS 是法国教育系统中的一家精英机构,它给拉康的工作带来一批全新的听众。恰逢此时,在某种程度上也是因为阿尔都塞的那篇文章,精神分析开始在巴黎的知识分子与文化生活当中传播开来,并变得越来越为公众所接受。因此,这次搬迁便给拉康提出了一些理论性的难题。在先前的十年里,他的研讨班一直被用于对弗洛伊德的研读与阐释,并且一直针对的是精神分析的实践者与临床工作者。如今,他的听众里却包括了学生、政治活动家、哲学家、作家与文化实践者,等等。那么,他该如何忠于他将其视作精神分析之根本的东西,同

11

时又该如何在大学体系中来教授它呢？在《研讨班XI》中，拉康
第一次从阐述弗洛伊德的思想走向了发展他自己的精神分析概
念。换句话说，他开始就"无意识"（uncounsious）、"重复"（repe-
tition）、"转移"（transference）与"冲动"（drive）——此即拉康所
谓的"精神分析的四个基本概念"——形成了现在为我们所公
认的一套带有拉康派特色的理论。也正是在这一时期，他的研
讨班开始变得愈来愈晦涩难懂与玄乎其神，而且随着其研讨班
听众的与日俱增——在其晚年甚至增加到了一千余人——他的
很多思想和阐述的艰涩性与复杂性也在不断地增加。因此，当
阅读拉康时，我们需要谨记在心的就是，他的风格与我们在阅读
其文本时遇到的困难等问题，并非全然是无关紧要或无缘无故
的。为了成为一位分析家，人们需要经历一个非常漫长的过程，
其中包括长期的理论训练、临床督导以及最重要的个人分析。
这并非是某种能够在演讲厅或研讨室里进行教授的东西。从某
种程度上说，拉康风格的晦涩性在他而言恰恰是一种自觉的欲
望，以期抵制任何对其思想的简单吸收与还原。正如拉康自己
在其《研讨班XX》中所言：

> 《书写》无法被轻易地阅读，这是相当众所周知的事
> 情。我可以做点自传性的承认——那恰恰是我所想的。我
> 曾想，或许这么说有些过分，我曾想它们是不打算被阅
> 读的。

（1998［1975］:26）

这种晦涩性的第二个方面则特别联系着拉康的研究对象，亦即：
无意识本身。

　　根据弗洛伊德,无意识是一个既不知道时间也不知道矛盾的领域;它是一个由受到压抑的愿望与幻想所组成的领域,同时也是一个没有句法或语法的领域。那么,在何种意义上,我们才能真正地去谈及无意识的愿望与欲望呢？谈及无意识的欲望,即是使之成为意识化的东西,而根据定义,无意识却是被排除在意识之外并且无法被召回到意识之中的东西。换句话说,无意识即是从语言中被排除出去的东西。于是,这种悖论的情境便使理论家与分析家们置身于某种两难的困境,因为假如我们不能把这些无意识的愿望与欲望用语言表达出来,我们又如何能够对它们进行讨论呢？根据弗洛伊德,我们不仅可以通过自己的焦虑与恐惧觉察到无意识的运转,而且还能通过自己的梦境、玩笑、口误与艺术作品,觉察到无意识的效果(见:Turschewell 于2000 年出版的《西格蒙德·弗洛伊德》[1])。换句话说,有时候,当我们的显意识(conscious mind)在那些"压抑性"(repressing)的有害思想和欲望上不太警觉与活跃的时候,我们便可以觉察到无意识的运转。在拉康的早期著作中,他便聚焦于弗洛伊德作品中的这一领域,并特别细致地考察了弗洛伊德的那些处理语言与解释问题的文本:《释梦》(1991a[1900]),《日常生活的精神病理学》(1991b[1901])以及《诙谐及其与无意识的关系》(1991c[1905])。拉康试图直面处理精神分析始终面临的这一悖论:如果我们可以说精神分析是一种关于无意识的辞说,或者说它是一种接近无意识的辞说,那么这种辞说便依赖于某种总是超越其自身的东西。拉康的作品就是把这种根本无法言说的东西说出来的一种尝试,正是在这个意义上,他的风格乃是他处理这个问题的方式之一。简而言之,拉康试图经由语言的结构

___

1　该书中译本《导读弗洛伊德》已由重庆大学出版社引进。——译者注

来表达某种始终超越语言自身的东西,亦即:无意识欲望的领域。他的作品企图迫使读者去面对意义与理解的种种界限,从而去承认这样一幅令人深感不安的景象,亦即:在一切意义之下潜藏着无意义,在一切理性之下潜藏着非理性。因而,他的文章便"常常遵从于弗洛伊德将其形式化的那些无意识的法则——他的作品充满了双关、诙谐、隐喻、反讽与矛盾,并且在其形式上也与精神病的书写有着诸多相似之处"(Benvenuto and Kennedy 1986:12)。我们绝不应当过于严肃地对待拉康:他的双关语、文字游戏以及那种闪躲迂回的言说方式,对于理解他的著作而言非但不是多余的,而且是必不可少的。这是一种"述行性"(performative:也即试图经由其陈述与句法来展示其意义)的写作风格。正如一位批评家所指出的那样,拉康想要让"他的信息直接对着无意识言说,而且他还相信只有消解了因果联系并充满着联想的文字游戏才是无意识所理解的语言"(Turkle 1992:55)。下一次当你阅读拉康并想把书扔到房间对面的时候,不妨花点时间让自己休息一下,考虑一下这则文本正在对你做些什么。想一想你当时的感受如何,以及语言对你产生了怎样的效果。随着你开始对这一过程进行反思,这则文本便会达到它的目的,而无意识也会运转起来。

关于本书

在接下来的"关键思想"部分,我将给你们介绍拉康著作中最有影响的一些元素,同时我也会把这些元素放进它们从中产生的语境,以便帮助你们理解这套乍看起来可能非常怪异且复杂的理论。这些章节将涵盖许多普遍存在于当代精神分析学的关键术语,然而我的关注点却在于那些已经被广泛应用于文学与文化研究领域的概念,诸如想象界、象征界与实在界,镜子阶段,无意识的主体,无意识像语言那样结构,阳具,幻想,享乐以及性别差异,等等。我不会着眼于拉康的那些图表和"数元"[1]或是他的"四大辞说"[2],因为这些概念在文学与文化研究领域中并未得到广泛的应用。在这一部分的每一章里,我都会在结尾附上一个例子,以便说明这些概念是如何被应用于文学研究、电影研究或社会研究的。在"拉康之后"篇中,我将展开这些例子以讨论拉康当前被应用于文本与电影分析以及政治学与社会学理论的不同方式。

　　拉康派精神分析并非一个静态的理论,而且自拉康死后也在持续地演变与发展。1980 年,也即拉康逝世前的一年,拉康解散了他的学派 EFP,并创建了弗洛伊德事业学派(École de la Cause Freudienne,简称 ECF)。该学派及其后来的建制一直由拉康的女婿雅克-阿兰·米勒把持着。作为拉康研讨班的主编,并且更为重要的是经由他自己的研讨班,米勒对拉康的一些概

1　"数元"(mathème)是拉康创造的一个新词,旨在以数学符号的书写形式于实在的层面上来整体传递精神分析的教学。首先,拉康的"mathème"源自"数学"(mathématique)一词;其次,该词在构成上借鉴了列维-斯特劳斯创造的"神话素"(mytheme);复次,拉康参考了海德格尔从希腊语"ta mathemata"的原始含义中引申出来的"数学元素"概念;最终,这一措辞在法语的发音上还等同于"mathème"(我的主题),亦即拉康个人主体性的表达。中文对该词的翻译有"母题"、"基式"与"数学型"等,从而允许了多种不同的解读,以抵制把它们归约为一种"单义意指"。我之所以在此将其译作"数元",就是为了强调它们是"一种绝对意指的指标"(E, 314),因为"你不知道它们意味着什么"(S20, 100)。——译者注

2　"四大辞说"(four discourses)是拉康在 1969 年于《研讨班 XVII:精神分析的反面》中区分出来的调节主体间关系的四种可能的"社会联结"类型,其中包括:"主人辞说"、"大学辞说"、"癔症辞说"以及"分析家的辞说",它们在"博罗米结"(Borromean knot)上分别对应着"他者享乐"、"阳具享乐"、"意义享乐"以及"剩余享乐"。分析的过程即是主体在这四种辞说之间不断转换位置的过程。——译者注

念进行了形式化和系统化,从而开始建立了一种对于拉康的
"正统"解读。在这部导读作品里,我不仅吸收了米勒的著作,
而且还借鉴了米勒的亲密伙伴北美学者兼分析家布鲁斯·芬
克[1]的著作。芬克的拉康导读均非常严密地遵循着米勒的研讨
班,而在这个意义上,它们比拉康自己的作品要更易于理解一
些。然而,由于米勒与芬克均试图使拉康的思想变得更加一致,
并试图将其呈现为一个连贯的体系,导致他们的文本皆丧失了
批判与研磨的尖锐,而一直以来使拉康读起来那么耐人寻味的
正是这种尖锐性。因此,我将把芬克的阐释与拉康的作品并置
在一起,以便让你们可以感受到拉康那种独特的风格。在本书
最后的"进阶阅读书目"中,我不但给出了芬克导读与拉康自己
作品的详细介绍,而且还对其他一些有用的批判性导读提供了
一份摘要,以供读者参考。你们可能会注意到,本书由始至终,
我所参考的拉康文本的日期都是非常新近的。我援引的都是拉
康著作的最新译本,它们全都被列入"参考文献"中。在本书的
正文里,我会提及拉康著作的原始日期,不过在"进阶阅读书
目"中,我也会为你们给出这些原始出版物的详细介绍。

14

1　布鲁斯·芬克(Bruce Fink),美国首屈一指的拉康派精神分析家,代表作有《拉
康式主体:在语言与享乐之间》《拉康派精神分析临床导论:理论与技术》《精
神分析的技术基础》以及《反理解》两卷本等,同时他还翻译了拉康的《书写全
集》与《研讨班 XX:再来一次》。——译者注

关键思想

想象界

拉康首度在精神分析领域内的重要创新发生于 1936 年，当时他只有 35 岁，正在作为一名精神病医生执业，并且仍旧处在精神分析的训练当中。在国际精神分析协会于马里安巴举行的第十四届大会上，拉康提交了一篇题为《镜子阶段》(Le stade du miroir)的论文，这个标题后来在英文中被译作"The Mirror Stage"。在拉康的众多文献中，《镜子阶段》始终是最频繁被收入选集和最经常被引作参考的文本之一。早在 1968 年，《镜子阶段》的译文便在马克思主义期刊《新左派评论》(New Left Review)上发表，并且正如我们将要看到的那样，对于拉康思想在电影研究与文化研究领域的传播，《镜子阶段》一文也起到了至关重要的作用。此外，围绕这篇论文还逐渐形成了某种神话，在此种神话的影响下，拉康被建构成了一个被驱逐者的形象，也即一个为了真理而同保守或反动体制作斗争的英雄式人物。

在拉康开始就他的镜子阶段作了十分钟的报告之后，大会主席欧内斯特·琼斯[1]（弗洛伊德的传记作家，也是他最忠实的弟子之一）便打断了拉康并终止了他的发言。翌日清晨，拉康即离开了大会并去了柏林旅行，在那里他观看了纳粹德国在新建的奥林匹克体育场举办的第十一届奥运会的壮观景象。在此届大会的会议记录里，拉康的发言只有一个极其简短的提要，而且他的论文也没有被收录在后来的会议出版物里。因此，这个最初的遭遇，便可以被看作是给拉康在其余下的事业生涯中与精神分析体制的关系奠定了基调。他本想凭借自己的发言给人留下深刻的印象，却不料自己遭受了这群人的冷落与拒绝，于是他便反过来以拒绝他们来回应。当然，这其中是有一些事实存在的，时至今日，国际精神分析协会仍然是一个极其保守的体制，或者在某些人眼里甚至是一个极其反动的体制。然而，我们同时也应当注意到，在此届大会上，每一位发言者都被安排给予了十分钟的发言时间，因而琼斯在拉康的时限结束时打断他，只不过是在履行自己身为大会主席的职责而已。此外，拉康并未把他的论文提交到会刊中以供发表，因此，《镜子阶段》在最后论文集中的缺席，便不能被看作是 IPA 对他的蓄意排斥。1936年版的这篇论文没有任何已知的副本，而被收录在《书写》中的则是拉康于 1949 年重写的版本，当时拉康把这篇文章再次递交给了 IPA 于苏黎世举办的第十六届国际大会。这一次，拉康的发言没有受到阻止，而且他的报告也随着会议记录一起在《国际精神分析期刊》（*International Journal of Psycho-Analysis*）中发

1　欧内斯特·琼斯（Ernest Jones, 1879—1958），英国精神分析家，弗洛伊德的官方传记作者，曾任英国精神分析学会与国际精神分析协会主席，代表作有《西格蒙德·弗洛伊德的生活与工作》（三卷本）、《神经症的治疗》与《精神分析的社会影响》等。拉康曾写过一篇纪念琼斯的文章，收录在他的《书写》之中。——译者注

表。因此,在拉康对其思想的最初阐述与我们现在读到的这篇文章之间有着十三年的时间跨度——在这十三年里,拉康一直都在不断地发展和修改他的思想。正如丹尼·诺布斯[1]所言:

　　镜子阶段始终被拉康看作一种坚实的理论化范式,他保留了该范式的价值来说明人类的自我意识、侵凌性、竞争、自恋、嫉妒以及通常对形象的迷恋。在某种意义上,当你们意识到 1949 年版的《镜子阶段》一文不是拉康随即编造出来的某种东西,而是他花费十三年多心血精心培育出来的一颗珍珠时,你们就不会对上述的说法感到惊讶了。

(Nobus 1998:104)

背景与影响

　　如同拉康的所有文章一样,在《镜子阶段》一文中也存在着大量的影射与参照,它们可能往往会使一个不熟悉其语境和背景的读者感到混乱不堪。这篇文章涉及的是自我经由认同于其自体的形象而形成的过程与机制。根据弗洛伊德的第二心智理论——亦即他通常所谓的"地形学"(topographical)模型(见:Thurschwell 2000:第 5 章)——自我(ego)代表着精神中经过组织化的部分,与之相对的则是那些未经组织化的无意识元素,也即它我(id)。弗洛伊德曾这样写道:"自我是在它我中由于外

19

1　丹尼·诺布斯(Dany Nobus,1965 年生),英国著名拉康派精神分析学家,主要著作有《拉康派精神分析的关键概念》以及《雅克·拉康与弗洛伊德的精神分析实践》等。此外,他还于 2003 年创办了《拉康研究期刊》(*Journal for Lacanian Studies*),这是首部在英文世界中经过国际同业评审的拉康派精神分析期刊。——译者注

部世界的直接影响而遭受修改的那个部分……自我代表着那些我们可以称之为理性与常识的东西，与之相对的则是饱含情欲的它我"（Freud 1984a［1923］:363-4）。在这个意义上，自我常常被联系于意识，不过这是一个错误。自我虽然与意识有关，但是它同无意识的要求与超我（superego）的律令也存在着一种持续的张力。因此，就自我在无意识（它我）与外部现实的要求（超我）之间居中调停而言，自我的功能是防御性的。甚至在拉康事业生涯的这一早期阶段，他便认为有必要把自我与主体区分开来，并建立一个"分裂"（divided）或"异化"（alienated）的主体性（subjectivity）概念。在详尽说明拉康的论点之前，我觉得有必要让你们了解到，为了在这篇论文中系统地阐述自己的思想，拉康广泛地吸收了很多来自哲学与实验心理学的影响。因此，我将首先为你们简要地勾勒出《镜子阶段》一文中的四条思想线索，即：现象学（phenomenology）的哲学传统；心理学家亨利·瓦隆[1]有关镜映（mirroring）的工作；动物行为学家罗杰·凯卢瓦[2]有关拟态（mimicry）的工作；以及哲学家亚历山大·科耶夫[3]有关承认（recognition）与欲望（desire）的工作。

现象学

我们可以将拉康从1932年完成他的博士论文到1953年的

1　亨利·瓦隆（Henri Wallon,1879—1962），法国著名儿童心理学家，代表作有《儿童的心理发展》与《儿童的思维起源》等。拉康的"镜子阶段"概念部分地吸收了瓦隆的"镜像实验"的结果。——译者注

2　罗杰·凯卢瓦（Roger Caillois,1913—1978），法国知识分子，其著作涵盖了哲学、社会学、文学批评乃至动物行为学等不同的面向，拉康在《镜子阶段》中曾参考了他的《拟态与传奇性神经衰弱》一文。——译者注

3　亚历山大·科耶夫（Alexandre Kojève,1902—1968），法籍俄国流亡哲学家、政治家，1933年至1939年曾在巴黎高师开设关于《精神现象学》的研讨班，对后来的法国思想产生了巨大的影响，代表作有《黑格尔导读》、《法权现象学纲要》与《权威的概念》等。——译者注

《罗马报告》(见:第2章)这一时期看作是拉康事业生涯的初期,在此期间,他便是在讲述一种哲学意义上的现象学。现象学源自于德国哲学家埃德蒙德·胡塞尔[1]的著作,并涉及"纯粹现象"(pure phenomena)的本质,也就是说涉及这样一种观念,即:对象并非是作为同我们对它们的知觉相分离的事物而独立存在于这个世界上的,相反它被紧密联系于人类的意识。根据现象学家们的观点,人类的意识不是对于简单存在的"既定"物质现象的被动承认,而是一个主动建构或"有意向于"(intending)那些现象的过程。胡塞尔认为,我们无法确定任何超越我们直接经验的东西,并因此不得不忽视一切超出我们知觉或意识的东西,或是把这些超出我们知觉经验的东西"置入括号"(put in brackets)。他把这个过程称作"现象学还原"(phenomenological reduction),因为在某种意义上,我们把外部世界单独还原成了意识。简而言之,思考一个对象的过程与该对象本身是相互独立的。正如特里·伊格尔顿(1983)[2]注意到的那样,这全都是非常抽象与不真实的,然而悖论的是,现象学背后的思想却旨在摆脱抽象的哲学思辨,而重新回到在真实的具体情境中对事物本身的分析。

20

　　胡塞尔的思想在其最著名的学生马丁·海德格尔[3]那里得到了进一步的发展。海德格尔曾指出,所有的理解都是在历史

1　埃德蒙德·胡塞尔(Edmund Husserl, 1859—1938),德国著名哲学家,现象学之父,代表作有《逻辑研究》、《纯粹现象学与现象学哲学的观念》、《内时间意识现象学》以及《形式逻辑与先验逻辑》等。——译者注

2　特里·伊格尔顿(Terry Eagleton, 1943年生),英国著名马克思主义文学理论家兼文化批评家,代表作有《批判与意识形态》(1976)、《马克思主义与文学批评》(1976)及《文学理论导论》(1983)等。——译者注

3　马丁·海德格尔(Martin Heidegger, 1889—1976),德国著名哲学家,20世纪存在主义哲学的创始人与代表人物之一,主要著作有《存在与时间》、《形而上学导论》、《林中路》以及《同一与差异》等。——译者注

上被定位的。作为人类,我们总是从某种特定的情境来感知世界,而我们最基本的欲望即在于超越或跨越那一情境。此即海德格尔所谓的"抛掷"(project)[1]:作为主体,我们在物理上处于时间和空间之中,但是我们却继而把自己"抛掷"在未来之中。人类的主体性,亦或我们所谓的生存(existence),便涉及这个把自己抛掷在世并抛向未来的持续过程。因此,对于海德格尔而言,人类的意识便不是一个由思维与形象所组成的内部世界,而是一个向外抛掷的持续过程,或者是他所谓的"外在"(ex-sistence)的绽出。让-保罗·萨特[2]曾于 1932 年参加过海德格尔的讲座,随后他便把这些思想带到了法国。在 1934 年的一部题为《自我的超越性》(*Transcendence of the Ego*)的早期著作中,萨特便在自我意识与自我之间作出了区分。正如我们在上面看到的那样,弗洛伊德曾把自我定义为心智的理性功能,它在无意识的情欲与外部现实之间起着中介作用。借由拓展海德格尔的抛掷概念,萨特指出,自我意识在本质上即是"虚无"(nothing),而自我则是由主体知觉到的世界上的一个对象。在 20 世纪 30 年代至 40 年代,拉康曾受到这些思想的强烈影响。萨特在主体与自我之间作出的区分,于是就为拉康自己阐述镜子阶段中主体与自我的关系铺平了道路,而"外在"与"虚无"的概念则始终贯穿于他的著作。然而,理解拉康的关键——特别是对于理解他所采纳的那些来自哲学、人类学以及语言学的思想——却在于他总是会把那些概念转换到精神分析的层面上。因而,他便把

1　"project"一词在精神分析中作为"投射"的概念也常为拉康所使用,以指涉一种根植于自我同相似者之间二元关系的想象性防御机制,主体借以将其内在的欲望(或思想和情感)移置并定位在主体之外的其他人身上。——译者注

2　让-保罗·萨特(Jean-Paul Sartre, 1905—1980),法国哲学家、小说家、戏剧家兼社会活动家,20 世纪存在主义与现象学哲学的代表人物之一,代表作有小说《恶心》、戏剧《苍蝇》及论著《存在与虚无》。——译者注

"外在"与"虚无"这些现象学的概念从意识的领域转移到了无意识的领域。正如雅克-阿兰·米勒所写道的：

> 对他而言至关重要的是，无意识并未被当作某种内在 21
> （interiority）或是其中一方面存在着一些冲动而另一方面存
> 在着一些认同的容器（container）……他非但不把无意识当
> 作某种容器，反而将其当作某种外在（ex-sistent）的东
> 西——也即某种出离其自身的存在——并把这种外在联系
> 于一个存在的缺失的主体。

（1996：11）

下面，我们将会看到米勒借由"存在的缺失"（lack of being）这一措辞而想表达的意思。

实验心理学：自体之为镜像

在《镜子阶段》于马里安巴的首度发表到 1949 年的出版之间，拉康的心思都专注在意识尤其是自我意识的本质之上。换句话说，是什么使一个个体能够开始把一种自主的思维知觉为其自体，从而最初感受到其自体的存在，并维持住这个自我意识的水平呢？在传统上，心理学一直认为，自我意识产生于婴儿对自己的身体逐渐产生越来越多的意识。然而，心理学家瓦隆却指出，在某种意义上，这相当于循环论证，因为这样的观点预先假定了婴儿必须首先具备一定的个体意识水平，以便它继而能够意识到自己的身体。因此，他指出，婴儿不仅要获得对其自己身体与身体功能的意识，同时还要发展出对其周围环境与外部世界的意识，以便把自己与其外部环境区分开来。换句话说，倘若一个人要把自身认同为一个自主一致的自体，那么他就必须

首先将其自体区别于他者,并区别于他的社会环境。瓦隆以为,在这种突然显现的自体感中存在着一个关键的过程,亦即:婴儿有能力认识到其自体,并同时将其自体区别于其自身的镜像反射(mirror reflection)。这个被反射过来的形象给婴儿呈现了一个两难的困境,因为它会立刻密切联系于其自身的自体感,而同时这一形象又是外在于婴儿的。瓦隆指出,在三个月至一岁之间,婴儿会逐渐从最初的漠不关心(indifference)向镜像(mirror image)发展,以便接受并掌控这个与其自身相分离的形象。因此,拉康从实验心理学中接受下来的,就是镜映在自体建构与自我意识当中的重要作用。然而,心理学却无法解释为什么这一形象会对主体具有此种独特的魅力和效力,为此,拉康转向了一个相当不同的学科:动物行为学(ethology),亦即关于动物行为的研究。

众所周知,很多小型动物和昆虫会改变其自身的颜色,以匹配它们周围的直接环境,或者是发展出一些特殊的标志和特征,以使自己与其环境变得难以区分。对于此种现象,通常的理解是,它给被牵涉的动物提供了某种保护,使它们能够避开那些潜在的掠食者。然而,研究却往往表明,那些采取了其环境外观的昆虫与那些没有采取的昆虫,都同样有着被吃掉的可能。那么,这种现象又将如何解释呢? 在一篇题为《拟态与传奇性神经衰弱》(Mimicry and Legendary Psychasthenia)的论文里,罗杰·凯卢瓦曾指出,与通常的解释相反,那些采取了其环境外观的昆虫,其实是在对自身及其环境进行同化。换句话说,它们被捕获在自己周围的空间之中,并试图把自己隐匿在那一空间之中。于是,从凯卢瓦的著作中,拉康不仅吸纳了形象的迷惑性与捕获性概念,还尤其汲取了我们如何按照那一形象来塑造自身的思想。拉康在《镜子阶段》中的创新，即在于他把现象学对于主体与自我的区分、心理学对于形象的作用的理解，以及哲学的辩证法范畴对于自体的建构性本质结合了起来。

承认与欲望的辩证法

在 1933 年至 1939 年期间，哲学家亚历山大·科耶夫曾就黑格尔[1]的哲学开设过一个每周一次的研讨班。当时法国战后知识生活中的几乎所有主要人物，都曾参加过科耶夫颇具影响的研讨班，其中不乏像让-保罗·萨特、莫里斯·梅洛-庞蒂[2]以及乔治·巴塔耶这样的知识精英，当然也包括拉康本人在内。科耶夫对黑格尔的诠释，对于这整整一代的思想家们皆产生了深远的影响，并且一直统治着当代法国哲学，直到 20 世纪 60 年代中期，黑格尔主义才最终被结构主义与后结构主义所取代。黑格尔基于一种叫作"辩证法"（dialectics）的思维形式，创立了一套复杂的哲学体系。

辩证法是一种注重现象间的关联与对立面的统一的哲学思维模式。这种模式通常都被表现为"正题—反题—合题"（thesis—anti-thesis—synthesis）的图式，其中每个概念都会生成自己的对立面，而两者的统一即会产生一种新的层面的理解或分析。例如，个人主体（individual subject）的概念——"自体"（正题）——就仅仅相对于另一主体（another subject）——"他者"（反题）——才有意义。一旦我们开始明白自体与他者有着

23

1　黑格尔（G.W.F. Hegel, 1770—1831），德国古典哲学自康德启始以来的集大成者，代表著作有《精神现象学》《逻辑学》《哲学全书》《法哲学原理》以及《哲学史讲演录》等。——译者注

2　莫里斯·梅洛-庞蒂（Maurice Merleau-Ponty, 1908—1961），法国哲学家，在存在主义盛行时期与萨特齐名，其重要哲学著作《知觉现象学》同萨特的《存在与虚无》被一起看作法国现象学运动的奠基之作。——译者注

错综复杂的联系且无法离开他者而独立存在时,我们便得到了一个新的概念,亦即"我们"(合题)作为一个集体主体(collective subject)的概念。继而,这个合题的时刻会变成一个新的正题,并再度生成它自己的反题等。因此,辩证法的思想便把万物的矛盾本质置于最突出的地位,因为一切现象皆可以说是包含着其自身的对立面,亦即包含着对其自身的否定。在这一永无止境的转化过程里,从对立面的这种关系与统一之中便会呈现出某种新的东西。

黑格尔曾把自我意识的出现解释为从自然到文化的过渡,或者换一种说法,即从动物存在(animal existence)到人类存在(human existence)的过渡,科耶夫对黑格尔的这种解释特别感兴趣。根据黑格尔的观点,自我意识是通过自我反思的活动发展起来的,自体性(self-hood)便由此过程呈现出来。为了人类主体性的显现,一个人不仅必须意识到其自身的区分性,而且还必须被另一个人承认是一个人类主体。黑格尔曾把这一过程概述为"统治与奴役"(Lordship and Bondage)的辩证法,而"主奴"(Master / Slave)辩证法则是更常见的说法。在此说明中,两个主体——亦即"主人"与"奴隶"——皆明显受困于一种涉及承认的相互关系。为了使主人作为一个主体,就其本身而言,他必须得到奴隶的承认;反过来,奴隶之所以知道自己是一个奴隶,也是因为他被主人承认是一个奴隶。因而,主人可以自由地去追求自己的生活,因为他坚定地知道自己的身份是为奴隶的承认所肯定的。然而,这种辩证法的悖论,却在于一则肯定式(positive)总是会变成否定式(negative)。因为主人依赖于奴隶对其身份的承认,所以他永远也不可能是真正"自由"的,而奴隶并不以同样的方式依赖于主人,因为他具有另一个自我肯定的来源,亦即他的劳动。如果说奴隶的身份是经由他作为奴隶的劳动而获致肯定的,那么真正自由的就不是主人而是奴隶。

科耶夫认为,此种辩证法在本质上是一场有关欲望与承认 的博弈。主人和奴隶都为了获得承认而受困于这场相互的斗争:其中任何一方都无法离开他者的承认而存在,而同时他者也需要获得对其自身的承认。因而,在科耶夫看来,这是一场殊死搏斗(struggle to death),只不过一方的死亡也将是另一方的死亡。主人和奴隶都受困于这样一场较量,其中一方无法离开另一方而存在,而同时彼此又是对方最糟糕的敌人。根据拉康的观点,在想象界中弥漫开来的正是这种辩证法。此外,这种辩证法还把上文略有提及的"侵凌性"(aggressivity)元素引入了心理学对镜映的说明,也就是说,它假设了自体与他者之间的关系在根本上是冲突的。拉康宣称,正是黑格尔的这一伟大洞见揭示出了"每个人都存在于他者的存在"(Lacan 1988b［1978］:72)。我们都被捕获在一个相互的、不可化约的"异化"(alienation)辩证法之中。然而,对拉康而言,异化也存在着两个时刻:首先,是经由镜子阶段与自我形成的异化;其次,是经由语言与主体建构的异化。我们将在下文中着眼于异化的第一个时刻,而在下一章中回来讨论异化的第二个时刻。

镜子阶段

镜子阶段大致发生在婴儿6个月至18个月之间,并且对应着弗洛伊德的原初自恋[1]阶段。在此人类发展的阶段上,主体爱上了其自体的形象和它自己的身体,并且这种自爱先于对他者的爱(见:Thurschwell 2000:第5章)。在6个月至18个月之间,婴儿开始认出其自身在镜子中的形象(这并非意指一面真正的镜子,而是意指任何反射性的表面,例如:母亲的面庞),而且该过程通常也都伴随着快乐。孩子迷恋上其自体的形象,并试图去控制且摆弄这个形象。尽管孩子最初混淆了自己的形象与现实,不过,它很快就会认识到此一形象具有其自体的性质,并最终接受该形象就是其自体的形象——亦即:其自身的映像。

于是,在镜子阶段,由于看到自己在镜子中的形象,孩子第一次开始意识到自己的身体具有一个整体的形式。婴儿还可以通过自己身体的运动来控制这个形象的运动,并由此体验到快乐。然而,这种完整与掌控的感觉,却与孩子对自己身体的体验形成了鲜明的对比,因为对于自己的身体,孩子尚不具备充分的运动控制能力。虽然婴儿仍然会感到自己的身体是四分五裂的,是支离破碎和尚未统一的,但是这个形象却会给它提供一种统一和完整的感觉。因此,镜子阶段便预期了婴儿对自己身体的掌控,并与婴儿所体验到的那些支离破碎的感觉形成了对比。此处的重点即在于婴儿"认同"(identifies)了这个镜像。这个形象就是它自己。这种认同是至关重要的,因为倘若没有它——并且倘若没有它所建立的这种对掌控的预期——那么婴儿便永远也无法抵达将其自体知觉为一个整体或完整存在的阶段。然

1　根据弗洛伊德,"原初自恋"(primary nacrissism)是指婴儿以其全部力比多(libido)能量投注于自己的身体而形成的自恋过程,即:婴儿在选择外部对象之前把自己当作爱之对象的早期阶段。与之相对的是"次级自恋"(secondary nacrissism),即:力比多撤出其所投注的对象而回转到自我上的自恋过程。——译者注

而,这一形象同时又是"异化性"(alienating)的,因为在某种意义上,它变得与自体相混淆。实际上,这个形象最终取代了自体的位置。因此,一种统一的自体感,就是以使这个自体成为他者为代价而获得的,也就是说,成为我们的镜像。对此,拉康曾有过如下的一段描述:

> **"镜子阶段"**是一出戏剧,其内在推力从不足(insufficiency)突进至预期(anticipation)——而对于所有被捕获在空间认同之圈套中的主体而言,这就制造出了从破碎的身体形象(fragmented body-image)延伸至我将之称作整形(orthopaedic)的其整体形式的一系列幻想——最后到异化的身份所披着的盔甲,这场戏剧将以其坚固的结构标记出婴儿的整个心理发展。
>
> (1977a［1949］:4)

在拉康看来,自我便出现在这个异化并迷恋自体形象的时刻。自我既形成于形象的组织性与建构性,又通过这些形象的特性获得其自身的形式。自我就是这些形象的效果;简而言之,它是一种想象的功能。在此,拉康反对的是自我心理学及其给自我赋予凌驾在无意识过程之上的优先性,乃至把自我(ego)等同于自体(self)的倾向。拉康坚持认为,自我是被建立在整体性与主人性的虚幻形象的基础之上的,而且正是自我的功能在维持着这种一致性与主人性的幻象。换句话说,自我的功能即是一种"误认"(mis-recognition)[1]的功能;它拒绝接受破碎与异化的真相。

---

1 值得一提的是,拉康曾在法语中就"误认"(méconnaissance)与"自知"(me-connaissance)玩过一个文字游戏,以表明我们的"自知"(self-knowledge)本身即是一种想象的"误认"。——译者注

26　　　根据拉康的观点,从统一的形象相对于破碎的经验而形成的那一时刻开始,主体即被建立成了其自身的一个竞争者。于是,在婴儿破碎的自体感及其想象的自主性之间便产生了某种冲突,自我由此而诞生。被建立在主体与其自体之间的这场竞争,也同样被建立在主体与他者之间的未来关系当中。正如本韦努托与肯尼迪所言:"在对他者形象的认同与对他者形象的原始竞争之间存在着一种原初的冲突,正是这种冲突开启了一种辩证的过程,从而把自我与更加复杂的社会情境联系了起来"(Benvonuto & Kennedy 1986:58)。为了存在,一个人必须得到一个他者的承认。然而,这就意味着我们的形象(等同于我们自身)是由他者的目光(gaze)来中介的。于是,他者就成为了我们自身的保证人。我们既依赖于他者作为我们自身存在的保证人,同时又是对这个他者充满仇恨的竞争者。

　　对拉康的镜子阶段持批判态度的学者们认为,他其实完全本末倒置了这些事情。为了让主体认同于一个镜中的形象并继而误认其自身,他们必须首先具备把其自身感受为一个自体的感觉。如果说拉康的主体是一个被异化的主体,那么这就预先假定了一个起初"未经异化"(non-alienated)的主体,否则的话,就没有任何东西可以被我们意味深长地说成是被异化的形式了。因此,一个原初缺失或缺位(primary lack or absence)的概念,就是以一个原初在场或统一(primary presence or unity)的预设为基础的。在这个意义上而言,缺失就是次级性而非原初性的。安东尼·艾略特[1]以为,那些涉及拉康镜子阶段的术语统统都是错误的:镜面反射、缺失与缺位等,它们并非先在的现象,而是主体与想象界的运作(见:Elliott 1998:第4章)。不过,拉

---

[1]　安东尼·艾略特(Anthony Elliott),英国知识分子,当代社会理论家,著有《社会理论与过渡时期的精神分析》(1998)、《当代社会理论导论》(2009)以及《自体的概念》(2013)等。——译者注

康对"异化"这个术语的使用,与其批评家们的用法却是截然不同的。借由镜子阶段,婴儿想象自己获得了对其身体的掌控(mastery),然而却是在一个出离其自身的位置上获得这种主人性(mastery)的。在拉康那里,"异化"恰恰就是这个"存在的缺失",婴儿的"认识"或"实现"(即"realization",该措辞在此具有两层意思:其一是在头脑中形成清晰的概念,其二是变得真实)经由它而存在于彼处,亦即一个他者的位置(an-other place)。在这个意义上,主体就并非是由某种事物或由其自身所异化的,毋宁说,正是异化构成了主体——主体是在其自身的存在中遭到异化的。

镜子、屏幕与观众

27

正如我们在上文看到的那样,《镜子阶段》是拉康最早被翻译成英文的几篇文章之一,同时它在文学与文化研究中也极具影响,从而为人们更广泛地接受拉康的思想铺平了道路。从文学研究的角度来看,拉康有关想象界与自我形成的概念,向来都被用于说明文本中的同一性与主体性建构,以及人物之间的种种关系(见:Parkin-Gounelas 2001:第 1 章)。然而,想象界的概念却一直在电影研究中产生着最大的影响。拉康的镜子阶段,被看作是对应着电影观众与被投射到屏幕上的形象之间的关系。或许,把拉康派精神分析整合进电影理论的一篇最重要的早期论文,就是让-路易·鲍德里[1]的《基本电影影像装置的意识形态效果》(Ideological Effects of the Basic Cinematographic Apparatus),该文在 1970 年最初发表于《电影伦理学》(Cinethique)杂志。鲍德里的这篇文章探讨的是电影影像装置——亦即:电

1　让-路易·鲍德里(Jean-Louis Baudry,1930 年生),法国当代结构主义者,电影装置理论家,其著作主要受到了拉康的精神分析学说,阿尔都塞的意识形态理论以及 1968 年"五月风暴"的影响。——译者注

影制作、放映及消费的工具与技术基础——凭其自身而建构意义的方式。根据鲍德里的观点,一部特定电影的内涵或意义,并不在于其所呈现的故事内容,而是相反在于电影观众的整体组织。由此,我们可以看到,在对精神分析的应用上,人们从解释个别文本的内容,转向了分析我们的主体性和同一性是如何经由文本的结构与形式而构成的,可以说,这种转变是拉康主义对于当代文化研究作出的最重要的贡献。现在让我们来看看鲍德里是如何运用拉康的这些概念的,随后我们将会转向对他这些概念的批判。

根据鲍德里的观点,电影装置(cinematic apparatus)借由摄影机的位置与投影的过程,建构了我们作为电影观众的位置。摄影机不仅占据着我们在屏幕上看到的那些形象从中被拍摄出来的位置,同时它还占据着我们随后从中看到这些形象的位置。因此,摄影机便同时定位了知觉的对象(亦即:屏幕上的形象)与知觉的主体(亦即:电影观众)。在此双重意义上说,电影装置便使我们处在了电影观众的位置上,同时它还以一种非常特殊的方式引导着我们的目光。然而,电影给我们呈现的并非一个孤立的形象,而是一组形象的序列,正是这一点使得电影不同于我们在日常经验的基础上看到的其他形式的图像,诸如广告、绘画或照片,等等。投影仪与屏幕的功能,即在于使那组形象序列恢复必要的运动连续感,以便我们从中把意义建构出来。根据鲍德里的说法,正是主体,亦即电影观众,为了使那些不连续的形象变得像一个整体序列那样具有意义,从而才导致了在其面前显示的那些形象序列之间的必要联系与联结。因此,连续性是主体的一种属性,它是主体与银幕形象之间的关系,而不是与电影情节之间的关系。

在这个意义上说,电影的主体(cinematic subject)就是借由摄影机、投影仪与屏幕三者的功能而构成的。装置理论[1]极大地吸收了精神分析的思想,来探讨在电影观众与银幕形象之间存在的那种复杂认同过程。鲍德里以拉康的措辞,把电影观众描述为处在一个黑暗密闭的空间里面,无论观众是否知道这一点(而他们通常都是对此一无所知的),他们都被"束缚、捕获或迷惑"(chained, captured or captivated)在这个空间之中(1974-5:45)。让鲍德里感兴趣的是拉康的镜子或反射面如何被架构、被限定和被限制的方式。你们可能会想起,在想象界中,认同的原初地点即是身体本身,此一认同的过程发生在一个反射面的前面,镜前的婴儿仅仅具备有限的运动能力,而且对婴儿来说还存在着一个混淆的元素,亦即其自身经验的现实与其面前形象之间的混淆。就想象界而言,电影的"镜子—屏幕"(mirror-screen)反射回来的是形象,而非现实,尽管一种反射必定总是对于某种事物的反射。鲍德里认为,电影过程中的认同是发生在两个不同的层面上的。首先,观众会认同于在屏幕上呈现的东西——事件、人物,等等。其次,观众会认同于摄影机本身,而后者则是其中最为重要的层面。在鲍德里看来,特定电影的内容并不具有真正的意义;重要的是电影的过程。因此,电影与电影装置便上演了拉康式的在场与缺位的辩证法(dialectic of absence and presence)。电影认同(cinematic identification)得以发生的前提条件,也同样是想象界与镜子阶段得以发生的两个前提条件,亦即:运动能力的滞后以及视觉功能的优先。鲍德里于是以这样一种意见结束了他的论文,即:电影观众恰恰是像拉康式的分裂与异化的主体那样被构成的。正如我们即将看到的那样,鲍德里的著作存在着诸多的问题。这些问题是由20世纪

29

1　装置理论(apparatus theory)是20世纪70年代在电影研究领域居于主导的一套理论,该理论在不同的程度上借鉴了马克思主义、符号学以及精神分析,主张电影及其表象机制在本质上是一种意识形态的建构。——译者注

70 至 80 年代最重要的精神分析电影理论家之一克里斯蒂安·麦茨[1]以及劳拉·莫微(Laura Mulvey)等女性主义电影理论家提炼出来的。

克里斯蒂安·麦茨对鲍德里的批判

尽管克里斯蒂安·麦茨接受了鲍德里的论题,同意观众的原初认同是围绕着摄影机而非在屏幕上表现的形象来运转的,然而他却对这一认同能否被等同于拉康的镜子阶段表示怀疑。他提出,在某种意义上,我们可以把电影认同的过程看作是类似于镜子阶段的过程,不过这却并非是在一种非常严格意义上的。麦茨指出,孩子在镜子中看到并认同的是它自己的身体,并且它是将其自身作为一个对象来加以认同的。但另一方面,在传统的电影院里,观众在屏幕上看到的却不是其自身的形象。实际上,对于麦茨而言,让观众认识到他们在屏幕上是缺位的前提条件,或是

> 不管那一缺位而让观众认识到电影的纯概念性展开的前提条件——就在于这样一个事实,即:观众已经知道了镜子(真正的镜子)的经验,并能够由此建立一个对象的世界,而不必首先在这个对象的世界中认出其自身的存在。
>
> (1982:46)

在此意义上,电影就不应被定位于拉康的想象秩序,而应被定位于象征秩序(见:第 2 章)。

麦茨把观众对于角色或演员的认同界定为次级认同(sec-

1　克里斯蒂安·麦茨(Christian Metz, 1931—1993),法国电影理论家,把索绪尔的符号学、弗洛伊德的精神分析以及拉康的镜像理论引入电影研究,从而开创了一套独特的精神分析电影符号学理论。代表作有《电影的语言:电影符号学》、《想象的能指:精神分析与电影》以及《语言与电影》等。——译者注

ondary identification)。至于电影的原初认同,则不是认同于某种"被看到"(seen)的东西(就像在镜子阶段中那样),而是认同于某种"在观看"(seeing)的东西,正如麦茨所言,那是"一个纯粹的、全视的且不可见的主体"(1982:97)。在此情境下被看到的东西——屏幕上的对象——并不知道自己正在被看到,而且正是对象不知道自己被看到的这种缺失,促成了电影的偷窥狂(voyeuristic)性质。从本质上讲,电影观众就是偷窥狂,尽管他们并不知道自己是偷窥狂。麦茨坚持认为,有必要在电影与精神分析之间维持一种分离。精神分析给电影研究提供的是一些概念,借由这些概念,尤其是窥阴癖(scopophilia:即,看的压倒性欲望)与恋物癖(fetishism)的概念,我们便可以理解电影是如何运作的。在"拉康之后"中,我们对女性主义电影批评进行了讨论,在那里你们将看到这些概念是如何运作的。然而,在此,我们必须首先考虑一篇更具奠基性的文章。

劳拉·莫微与视觉快感

对于鲍德里和麦茨而言,电影观众基本上都被构想成了一个男性的偷窥狂。在《视觉快感与叙事电影》这篇极具影响的论文里,劳拉·莫微吸收了这些争论,同时她还指出,电影所产生的基本上是一种男性的目光(gaze)或注视(look),而女人则始终是这一目光的对象。莫微提出,这种目光是从三个层面在电影中运作的:首先,是摄影机的目光,因为正是它在拍摄电影,而根据麦茨的说法,这始终是一种偷窥狂的目光;其次,是电影叙事所固有的视角,而这些视角通常都是男主角们的目光,因为它们把女性角色定位在了叙事本身之中;最后,是观众的目光,因为这种目光是由先前的两种位置——也即:摄影机与男主角在电影中的位置——所促成的,所以它采纳的是一种固有的男性立场。莫微对于"男性目光"的系统阐述,给许多的争论提供了一个起点,这些争论均围绕着是否有可能建立一些女性观众、

30

黑人观众和同性恋观众的位置而展开。难道说,女人永远都是
公开展示的对象?或者说,拉康派精神分析对此提供了另外的
出路吗?在后续的章节里,我们将看到拉康派论者们是如何处
理这个问题的。

31

小 结

在《镜子阶段》一文中,拉康借鉴了大量来自哲学、心理
学与动物行为学的文献资料,以便重新阐述精神分析有关自
我与想象界的概念。想象界是自我的领域,是一个由感知
觉、认同与统一性错觉所构成的前语言领域。想象界中的主
要关系,是一种与自己身体的关系,也就是说,是与身体本身
的镜像关系。这些想象的过程构成了自我,并由主体在其与
外部世界的关系中所重复和强化。因此,想象界并非一个发
展阶段——它不是我们曾经历过并从中成长起来的某个时
期——而是依然处于我们经验的核心。正如婴儿在镜子阶
段中所体验到的原始统一性与一致性是一种错觉,所以在自
我方面也存在着一种根本的不和谐。自我在本质上是一个
冲突与不和的地带,是一个不断争斗的场所。拉康所谓的
"存在的缺失",即是处于我们主体性中心的这一本体论的
缺口或者原初的丧失。然而,拉康却走得更远,他不仅表明
了我们丧失了一种原始的统一感,而且还指出了这种丧失是
主体性本身的构成部分。总之,想象界是一个认同与镜映的
领域;是一个扭曲与错觉的领域。在此领域中,自我一方进
行着一场徒劳的斗争,以便再次获得那种想象的统一性与一
致性。

象征界

如果说《镜子阶段》一文代表着拉康在精神分析领域内的首度创新,那么它就仍然可辨识地处在既定的理论与实践的界限之内。几乎到15年之后,一套带有拉康派特色的精神分析解读才开始出现,当时,也就是在1951年,拉康发出了他的"回到弗洛伊德"的号召。两年后,在罗曼语系精神分析学家的罗马大会上,拉康递交了一篇题为《言语与语言在精神分析中的功能与领域》(The Function and Field of Speech and Language in Psychoanalysis,1977b[1956])的论文,该文后来被称作《罗马报告》(The Rome Discourse)。这篇论文阐明了拉康在后续十年间的主要关切,亦即:言语与语言之间的区分,对"主体"(subject)不同于"我"(I)的理解,尤其是"能指"(signifier)以及"象征秩序"(symbolic order)等核心概念的建立。同时,在1953年,拉康和一批同事纷纷离开了巴黎精神分析学会(SPP),继而组建了法国精神分析学会(SFP)。于是,《罗马报告》便最终被看作是精神分析中的这一新学派和新方向的奠基性文件。

　　本章聚焦于拉康 20 世纪 50 年代的著作,当时他极为重视语言在精神分析中的作用,同时他还系统阐述了其最重要的论题,即:"无意识是像语言那样结构的"(the unconscious is structured like a languege)。对拉康而言,这是一个非凡创新的时期,而他在此期间引入的很多概念在其余下的事业生涯中也一直占据着他的思考。为了帮助你们来理解这些概念以及拉康对它们的改造,我将在本章中为你们概述来自这一时期的一些主要影响,同时向你们说明拉康如何吸收了一个叫作"结构主义"(Structuralism)的研究领域并如何借鉴了语言学的理论。通过这么做,本章便提供了一个框架,以便在下一章中更加详细地探讨无意识与主体。我将首先简要地介绍一下结构主义,然后再概括一下克劳德·列维-斯特劳斯[1]的亲缘关系的基本结构(elementary structure of kinship),因为这给理解拉康有关象征秩序与无意识形成(formation of the unconscious)的概念提供了基础。列维-斯特劳斯的结构人类学(structural anthropology)是由瑞士语言学家费尔迪南·德·索绪尔[2]的著作推进的,而正是透过列维-斯特劳斯的著作,拉康开始阅读语言学。在此过程中,他对索绪尔的语言符号(linguistic sign)概念进行了一系列

34

[1]　克劳德·列维-斯特劳斯(Claud Lévi-Strauss,1908—2009),法国著名人类学家、哲学家、结构主义的主要发起人之一,并在 1973 年入选法兰西学院院士,他与英国人类学家詹姆斯·乔治·弗雷泽(James George Frazer,1854—1941)并称"现代人类学之父"。他建构起来的结构主义与神话学,不仅深深地影响着人类学的发展,而且对哲学、社会学与语言学等诸多领域也产生着深远的影响。代表作有《忧郁的热带》、《亲缘关系的基本结构》、《结构人类学》、《原始思维》、《图腾制度》与《神话学》等。——译者注

[2]　费尔迪南·德·索绪尔(Ferdinand de Saussure,1857—1913),瑞士语言学家,现代语言学之父,其死后出版的划时代著作《普通语言学教程》推动了 20 世纪符号学的兴起与结构主义的发展。——译者注

激进且影响深远的改变,从而彻底地翻转了人们对于言说的主体(speaking subject)与语言之间关系的惯常理解。最后,我们将着眼于俄国语言学家罗曼·雅各布森[1]有关隐喻(metaphor)和换喻(metonymy)的著作,因为这在拉康对于"欲望"(desire)的概念化而言是极其至关重要的。探索这些概念将有助于你们理解到:拉康的主体概念是在语言中并通过语言而构成的。本章结束于拉康对埃德加·爱伦·坡[2]的短篇小说《失窃的信》(*The Purloined Letter*)的分析,因为这清楚地阐明了到底是怎样的主体被拉康称之为"能指的主体"(subject of the signifier)。

结构主义

结构主义首先并首要地是一种分析方法,它曾于20世纪50至60年代统治着法国的知识生活。就其本身而言,它并非一场运动,而是在许多不同学科(从数学到文学批评)中常见的一种思维和分析模式的标签。结构主义曾被认为是可应用于一切人类的社会现象。虽然一批迥然不同的思想家现在都已被——往往是不恰当地——归入了"结构主义"这个红字标题之下,但是他们却并未构成一个一致的群体。这些思想家通常

---

[1] 罗曼·雅各布森(Roman Jakobson, 1896—1982),俄国语言学家、诗学家兼文学理论家,著有《儿童语言、失语症与音韵学的一般概念》、《诗学问题》、《声音与意义六讲》以及《语言的框架》等。——译者注

[2] 埃德加·爱伦·坡(Edgar Allan Poe, 1809—1849),美国诗人、小说家、文学评论家,以哥特风格的恐怖小说与侦探小说闻名于世,代表作有小说《黑猫》、《厄舍古屋的倒塌》与诗歌《乌鸦》等。——译者注

包括:心理学家让·皮亚杰(1896—1980)[1];语言学家罗曼·雅各布森(1896—1982);文学理论家罗兰·巴特(1915—1980)[2]、茨维坦·托多洛夫(1939—)[3]以及杰拉德·热奈特(1930—)[4];社会理论家米歇尔·福柯(1926—1984)[5];马克思主义哲学家路易·阿尔都塞(1919—1990);当然,还有精神分析学家雅克·拉康(1901—1981)。结构主义的发源是非常兼收并蓄的,而其影响面也十分广泛,然而它现在却渐渐被不可分割地联系于人类学家列维-斯特劳斯的著作。

列维-斯特劳斯的结构主义方法学,主要源自于索绪尔在"语言"(langue)和"言语"(parole)之间作出的基本区分(见:第37页[6]),或者说是一个特定的系统(诸如语言)与个体对该系统的表达或表现(诸如在个体的言语中)之间的区分。结构主义者们的关切点并不在于个别符号的意义,而在于描述总体符

1　让·皮亚杰(Jean Piaget, 1896—1980),瑞士哲学家、著名心理学家,基于对儿童认知发展的观察创立"发生认识论"(genetic epistemology)体系,著有《儿童的语音与思维》、《儿童的道德判断》、《儿童的智力起源》、《发生认识论导论》、《发生认识论原理》以及《结构主义》等。——译者注

2　罗兰·巴特(Roland Barthes, 1915—1980),当代法国文学理论家、哲学家、符号学家,其思想极大地影响了结构主义、符号学与后结构主义等后现代主义思潮的发展,主要著作有《零度写作》、《神话学》、《符号帝国》、《符号学基础》、《S/Z》、《文之悦》、《明室:摄影札记》以及《恋人絮语》等。——译者注

3　茨维坦·托多洛夫(Tzvetan Todorov, 1939 年生),法国历史学家、散文作家,其著作涉猎思想史、文学理论和文化研究领域,代表作有《散文诗学》与《诗学导论》等。——译者注

4　杰拉德·热奈特(Gérard Genette, 1930 年生),当代法国文学理论家,因其早期著作《叙事话语:方法论》在文学批评领域中产生的影响而被归入结构主义阵营。——译者注

5　米歇尔·福柯(Michel Foucault, 1926—1984),法国"后现代主义"哲学家、社会理论家、思想史家、文学批评家兼文献学家,其思想涉猎广泛,在众多人文社科领域均产生深远的影响,主要著作有《疯癫与文明》、《临床医学的诞生》、《词与物》、《知识考古学》、《性史》以及《规训与惩罚》等。——译者注

6　此为原书页码,读者可参照本书的页边码查找。——编者注

35

号系统或"结构"的组织化。尽管结构主义的主要研究对象往往都是非语言的符号系统,但是语言学家们却为此种形式的分析提供了一个模型;例如,罗兰·巴特对于时尚的研究(1985〔1967〕),亦或是列维-斯特劳斯自己对亲缘关系(1969〔1949〕)与食物准备(1966)的分析。结构主义的基本前提在于:所有的社会活动皆构成了一种语言,因为这些社会活动均涉及一套带有其自身的内在规则和语法的符号系统。因而,我们并非是凭借个体的行为本身,而是依靠个体行为从中派生出其意义的社会关系背景来理解这些行为的。

象征功能

在其开创性研究《亲缘关系的基本结构》(The Elementary Structures of Kinship, 1969〔1949〕)一文中,列维-斯特劳斯分析了所谓"原始"社会的婚姻与亲缘关系的系统。他的假设是,我们可以在这些原始社会的婚姻关系中看到的,无非是社会本身的基本潜在结构。换言之,亦即从中衍生出所有后来社会关系的基本结构。因为他有关这些基本结构的概念一直遭受广泛的争议与反驳,因此就列维-斯特劳斯的研究而言,与其说重要的是其研究的准确性,不如说是该研究本身的特性。列维-斯特劳斯指出,在此过程中重要的不是对真实的人(亦即实际的女人)的交换,而是女人们在其中被转化成符号并运作于一个"象征交换"(symbolic exchange)系统的方式。女人的交换是像一种语言那样运作的——这一形式系统带有其自身的种种无法违背的规则与规律,但是单个的系统使用者对此却始终是无意识的。换句话说,存在着一个无意识的结构,正是它决定了人们的社会位置,并调节着他们的社会关系,只不过他们对此一无所知而

已。从列维-斯特劳斯那里,拉康得出了两点重要的启示:

36

(1)存在着一个基本结构——亦即一个单独的"无意识"结构——它可以被看作是构成所有其他的亲缘关系与社会关系的基础。
(2)在亲缘关系系统里发生的并非是婚姻中对真实的人的交换,而是一种象征交换的过程。

因此,从列维-斯特劳斯的结构人类学那里,拉康便得到了这样一种观念,亦即:人类世界的特征在于"象征功能"(symbolic function)——此种功能介入了我们生活的方方面面。此外,在介绍另一位人类学家马塞尔·莫斯[1]的一部导论里,列维-斯特劳斯还指出了"所谓的无意识只不过是象征功能在其中获得自主性的一个空洞的空间",也就是说,在这个空间里"象征符比它们象征化的东西更加真实"(Roudinesco 1999:211)。在20世纪50年代,拉康曾想把精神分析重新确立为一门科学,而为了达到这个目的,他就必须首先确定其研究对象亦即无意识的特殊性,并确定我们可以如何着手对无意识进行研究。于是,列维-斯特劳斯有关象征功能之自主性的洞见,便给拉康提供了关键的一步,从而使他可以尝试把弗洛伊德的精神分析建立在一个更具哲学性与科学性的坚实基础之上。然而,要充分采取这一行动,拉康却需要兜一个更具理论性的圈子——亦即一种经由语言学的迂回。

---

1 马塞尔·莫斯(Marcel Mauss,1872—1950),法国社会学家、人类学家,他的学术工作跨越了社会学与人类学两个领域,但其主要影响则是在人类学领域,特别是他分析了不同文化中的巫术、祭祀与礼物交换等主题。《礼物》是他最富盛名也最广为人知的一本著作。此外,莫斯对结构人类学之父列维-斯特劳斯也产生过深远的影响。——译者注

索绪尔(1857—1913)与语言符号

有人曾把费尔迪南·德·索绪尔的《普通语言学教程》(*Cours de linguistique général*,首次出版于其死后的 1916 年,见:1983)描述为不亚于一场在人文社科领域中进行的"哥白尼革命",因为在某种意义上说,他把"人们对于现实的理解最终看作是围绕着他们对语言符号的社会使用而运转的,而不再是把人们的言词看作是对理解人类现实而言无关紧要的东西"(Saussure 1983 [1916]:ix)。在索绪尔之前,语言学研究首要关注的是语文学与词源学,也就是说,是追溯词语的历史和由来。在传统上,语言学把语言看作是由分离的离散单元或词语所组成的,每个词语都具有其自身依附于它的"意义"。索绪尔认为,如果要把语言学当作科学来看待,那么它就无法建基于那些历史性的原则,或者是那种所谓的"历时性"(diachronic)的方法。科学的方法要求我们必须首先确定自己的研究对象。就语言学而言,这就要求语言学家不是在历时性上而是在"共时性"(synchronically)上把语言视作一个在任何特定的时间上都是完整的系统。当我们运用语言的时候,我们便依靠着一个由词汇、句法、语法和习俗所构成的背景;虽然在我们说话或写作的时候,我们并未意识到所有那些元素,不过它们却始终存在,并决定着我们可以言说的与无法言说的东西。假如我们违反了这些规则,我们的言说就会变得毫无意义。

索绪尔曾经区分了语言的三个面向:

- 作为一种普遍人类交流现象的语言(langage)。
- 作为一种特殊语言或语言系统(例如,英语)的语言(langue)。
- 作为在使用中的语言,亦即特定言语行动或言说方式的言语(parole)。

37

他的著作关切的是其中的第二种范畴,也即:作为一种系统的语言,以及意义是如何经由这个系统而被创造出来的。这里的重点在于——而且尤其是相对于拉康而言——单个的言说主体对于这个系统本身始终是无意识的。因而,索绪尔对语言学研究最独创的贡献,就在于他把语言看作是一个"总体系统"(total system)的概念——这个系统管控着人们可以言说的东西,而人们自己对于它的规则却始终是无意识的。

根据索绪尔的见解,语言不单单是对应于一组事物的一份术语清单,也不单单是存在于世界上的一种现象。更确切地说,语言是一个由"符号"(signs)组成的系统。语言的"对应"(correspondence)理论就把语言看作是一种直接指代世界上的对象的符号系统。我们可以通过一个"词语"(word)——即其"概念"(concept)或观念——与它所指涉的事物——即其"指涉物"(referent)——之间的关系在图表上来表现这一点:

概念

词语　　　　指涉物

38　　然而,索绪尔却认为词语无法指涉物质世界中的特定现象,因为这种观点假设的是在词语与它们所指涉的事物之间存在着一种自然、有机的关系。正如他所指出的那样,如果我说出了"树"或"椅子"这样的词,那么我们都会立即想到树或椅子的概念,然而实际上,这些形象却并未指涉物质世界中的一棵特定的树或是一把特定的椅子。"树"这个词所指涉的不是一个"物"——即:一棵真正的树——而是一个关于树的概念。因此,我们就必须排除掉"指涉物"这个概念,并把语言指涉的是

真实世界中的实质现象这样一种观念搁置在一边。于是,我们的图表现在看起来就变成了这样:

概念

词语　　　　　　　　　　　**指涉物**

词语根本不指涉一个特定的指涉物,它仅仅指涉着一个概念,而语言学专门关注的语言符号,则恰恰是由一个词语及其概念构成的。索绪尔的语言符号就由两个元素构成:一个是声音模式或书面文字,亦即所谓的"能指"(signifier),另一个是概念,亦即所谓的"所指"(signified)。这也可以在图表上被描绘出来,即:

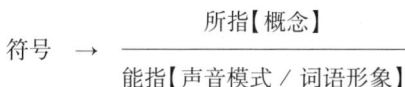

$$符号 \rightarrow \frac{所指【概念】}{能指【声音模式／词语形象】}$$

　能指与所指之间的关系是任意的,并且是由社会习俗所决定的。然而,如果说语言并不对应于世界上的对象,那么它又是如何变得有意义的呢? 根据索绪尔的观点,意义并不存在于个别的符号,而是存在于这些符号在语言系统本身之中的相互关系。语言创造出了一个差异系统,借由这个差异系统,任何特定的符号都凭借它与其他符号的差异而获得其自身的意义。当我们说话的时候,我们会选择使用某些词语而排除其他词语。例如,我可能会说"椅子"(chair),而不是"宝座"(throne)或者"扶手椅"(armchair)。每个词语都指派了一种我可以坐在上面的家具,可是它们却全都有着非常不同的意义。这个选择的元素被称作语言的纵向"聚合"(paradigmatic)轴。然而,我却无法选择并使用任何我想要的词语。为了使这些词语产生意义,我必

39

须依照一种句法构成上的正确方式把它们组合起来,这即是所谓的横向"句段"(syntagmatic)轴。每个词语即每个符号的意义,也同样取决于一句话中在它之前和在它之后的词。例如,让我们来看这样一个句子:

明天我们将要离开巴黎(We will leave Paris tomorrow)。

这个句子中的每一词项,都是在一方面经由它与我们可能在同一语境下使用的其他可能词项之间的差异,并在另一方面经由它在整个句子结构中所处的位置而获得其自身意义的。如此,"我们"便可以用"我"、"你"、"他"或"她"来替换,而"明天"也可以用"今天"来替换。假如我们替换了这些词项,这句话也仍然讲得通,只不过它会具有一个截然不同的意义。这些替代词项虽然并不存在于当前的语言情境之中,但是它们却会作为我们理解这些特定词项所依靠的背景而存在。其次,一个句子的意义产生自各个词项之间的一种特定组合,而非产生自它的个别孤立元素。因而,倘若我们重新排列这句话,我们也仍然会理解其中个别的词项,只不过这句话本身却是完全讲不通的了:

巴黎离开将要明天我们(Paris leave will tomorrow we)。

这即是句法和语法或者句段轴的功能。语言是通过把这两种功能结合起来而运作的;人们所说出的话语的意义,不仅取决于他们所使用和他们所排除的那些词语,而且还取决于这些词语在整个句子结构中所处的位置。

语言是作为一种复杂的符号网络而存在的。一个特定的符号并非凭借它所固有的价值或意义,而是通过它在整个意义系统中的相对位置,并经由它与该系统中所有其他符号之间的差异来获得定义的。一个符号并不向我们指涉一个在真实物质世界中的特定对象,而是相反指涉着另一个符号,这另一个符号又反过来向我们指涉着再另一个符号,以此类推:

所指		所指		所指		所指
——	→	——	→	——	→	——
能指		能指		能指		能指

40

对此的一个极好的例证,即是词典的使用。如果我们想要找出一个词的意义,那么我们会做些什么呢? 我们会在一部词典中查阅这个词。不过,词典只是一部符号纲目;因此,一个特定符号的意义就只是另一个符号,而如果我们查阅了这第二个符号的意义,那么我们便会找到另一个再另一个符号,诸如此类,依次类推。这一过程永远不会停止于真实世界上的某个实际的指涉物,其结果便导致了一个永无止境的"意指"(signification)过程。

从索绪尔的语言理论中,我们可以得出三点重要的启示:

· 语言先于意识;作为言说的主体,我们都是在语言中诞生的。

· 语言并不反映现实;相反,我们是在特定语言系统的限制里产生自身经验的,而且从某种程度上说,那个语言系统还规定着我们经验的本质。

·语言并非某种可以从中定位任何单独意义的绝对固定系
统;相反,它是一组差异关系。

索绪尔把语言看作一个总体系统的观念,给列维-斯特劳斯
的结构概念提供了模型,而这又反过来给拉康的象征秩序概念
打下了基础。然而,在拉康与索绪尔之间还存在着一点重要的
差异。对于索绪尔而言,符号的两半总是难解难分地结合在一
起——就像是一张纸的两面——而且是无法分离的。由于拉康
汲取了列维-斯特劳斯对于象征功能之自主性的反思,因而符号
的这种不可分割性就恰恰遭到了他的质疑。

能指的优先性

尽管拉康承认了语言符号的任意性,不过他却质疑了索绪
41 尔语言学的两个基本前提,即:符号的不可分割性,以及所指在
能指之上的优先性。在出自《无意识中字符的动因,或自弗洛
伊德以来的理性》(The Agency of the Letter in the Unconscious,
or Reason Since Freud, 1977c [1957])这篇文章的一个著名例子
中,拉康摒弃了索绪尔的符号运作图解,亦即"树图",并取而代
之以另一幅图解:

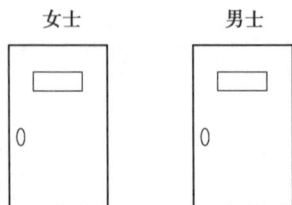

女士   男士

接着,拉康便继续讲述了这样一则故事:

　　一列火车进站了。一个小男孩和一个小女孩面对面地
靠窗坐在车厢里,他们是姐弟俩,透过窗户可以看到沿着站
台上的房屋随着列车缓缓停下而经过。弟弟说:"看,我们
到了女厕"。姐姐回答说:"傻瓜! 难道你没看见我们到了
男厕吗"。

(1977c [1957]:152)

拉康以为,这个例子揭示出了能指进入所指的方式。两扇门是
一样的,那么把一个厕所的门和另一个厕所的门区分开来的就
无非是这两扇门上的能指。因此,拉康便提议说,要翻转索绪尔
在能指/所指的关系中赋予所指的优先性。于是,拉康的重新表
述现在读作:

能指(S)
————
所指(s)

　　以大写字母开头的能指(S)居于所指(s)之上[1],同时在拉
康看来,这两个元素之间的"杠"(bar)象征的不是符号的不可
分割性,而是它的根本性分裂。一个能指并不指涉一个所
指——因为在它们之间始终存在着一道屏障——而是指涉着另
一个能指,这另一个能指在一条几乎永无止境的能指链上又反
过来向我们指涉着再另一个能指。例如,如果我们试图确定一
个特定词语或概念的意义,我们便只能通过其他的词语来定义;
于是,我们即被捕获进了一个生成符号的连续过程之中。因此,

42

————
1　在拉康的"代数学"中,大写字母通常是象征界的符号,而斜体的小写字母往往
　　是想象界的符号。——译者注

我们在上文给出的语言系统示意图便被改写作：

能指 　　 能指 　　 能指 　　 能指

—— → —— → —— → ——

所指 　　 所指 　　 所指 　　 所指

意指（signification）始终是一个过程——亦即：一个链条。实际上，在它的众多元素之中，没有任何一个元素是由意义或所指而"构成"（consist）的，相反，每个能指都"坚持"（insist）着一个意义，因为它一往无前地奔向了下一个能指。意义不是固定不变的，或者，用拉康的话说："所指在能指下面不断地滑动"（1977c ［1957］:154）。然而，拉康却并非是在提出根本不存在任何"固定"的意义。他把意义固着的地方称作"锚定点"或者"结扣点"（point de capiton）[1]，在这样的一些地方，所指停止了在能指下面的连续滑动，从而为那些稳定意指的时刻留出了余地。在字面上，"point de capiton"这一措辞指的是我们可以在沙发和床垫上看到的那种家具装饰用的钮扣，它们常常被用来固定垫料。相对于历史性的语言分析，索绪尔"科学性"的语言分析给拉康提供了一个模型来研究弗洛伊德的"谈话治疗"（talking-cure）。索绪尔揭示出了一个内在于我们的"结构"如何支配着我们说出的话语；在拉康看来，这个结构即是无意识。无意识既是通过语言而产生的，同时又受到那些语言规则的支配。罗曼·雅各布森则提供了此一过程得以发生

----

[1] 拉康的"point de capiton"（简称 PDC）在字面上是"填塞垫料的针脚"之意，该词在英文中通常被译作"缝合点"（quilting point）和"锚定点"（anchoring point），而拉康的英译者布鲁斯·芬克（Bruce Fink）则另辟蹊径地将其译作"钮扣结"（button tie）。我在这里则将其译作"结扣点"，对此读者可参见埃文斯《拉康精神分析介绍性辞典》中的进一步解释。——译者注

的精密机制。

罗曼·雅各布森(1896—1982)

雅各布森采纳了索绪尔在两个语言轴之间作出的区分——亦即聚合轴与句段轴——同时他还提出了这两个轴之间的对应关系,以及隐喻(metaphor)与换喻(metonomy)的修辞手段。隐喻是在不陈述一个直接比较的情况下,用一个词语或措辞来形容某种其他事物。另一方面,换喻则用一个事物的名称来表示它通常与之联系的某种其他事物,例如,当我们说"王冠"(crown)来表示君主的位置,或者说"帆"(sail)来表示一艘船的时候即是换喻。雅各布森指出,隐喻是一个词项对另一词项的一种"替代"(substitution)行动,并因而对应着聚合轴或选择轴(axis of selection)。换喻则是一种"临近"(contiguity)关系,并因此对应着句段轴或组合轴(axis of combination),因为一个词项之所以会指涉另一词项的原因,就在于它被联系于或临近于另一词项。在雅各布森关于隐喻和换喻的结构模型之中,拉康看出了一种同弗洛伊德的梦的工作过程——即"凝缩"(condensation)与"移置"(displacement)——的直接对应。凝缩是指两个或两个以上的符号或形象在一个梦中被结合起来,从而构成一个复合形象的过程,这个复合的形象于是便被同时赋予了其各个构成要素的意义。例如,在迫害的梦中,梦者可能会梦到自己正在接受某个未知权威人物的惩罚,并试图把那个人物认同于自己生活中的某个人物。然而,事实上,这个人物很可能并非一个单独的人,而是很多不同的人(例如:父母的形象、雇主或者配偶等)的复合或凝缩。梦者围绕着这些人物而产生的所有那些模糊不清的感觉,在梦中便结合成了一个单独的迫害者。移置则是指意义从一个符号转移到另一个符号的过程。让我们

43

举一些焦虑的梦的例子。在焦虑的梦中,梦者可能会因为自己生活中的某个无足轻重的事件而变得焦虑不堪,然而这种焦虑却完全是作为一种功能在运作,使梦者能够避免或移置自己正在面对的某个更加严重的问题。这两种过程即是弗洛伊德所谓的"原初过程"(primary processes),而与之相对的则是意识思维的"次级过程"(secondary processes)[1]。拉康把雅各布森在隐喻和换喻之间的区分映射到弗洛伊德的"原初过程"之上,从而最终得以阐明了无意识是如何像语言那样结构的。他指出,无意识是根据隐喻和换喻的规则来运作的。

象征秩序

在 20 世纪 50 年代,拉康自始至终都关切于建立一个系统,根据这个系统,人类世界上的万事万物都是"按照业已出现的象征符"(Lacan 1988b [1978]:29)而被结构的。在此,拉康并不是说一切事物都可化约为象征界,而是说一旦出现了象征符,那么一切事物就都会按照那些象征符和象征界的法则而被规定或结构,包括无意识以及人类的主体性。对弗洛伊德而言,无意识是在我们的存在之中逃离我们,并且我们对其无法控制的那

1　"原初过程"与"次级过程"是弗洛伊德最早于《释梦》第七章中在元心理学层面上描述的精神装置(psychical apparatus)的两种运作模式:首先,从地形学的视角来看,原初过程具有无意识系统的特点,而次级过程则是前意识—意识系统的典范;其次,从经济学和动力学的视角来看,在原初过程的情况下,精神能量是自由流动的,并且借由凝缩与移置的机制,不受阻碍地从一个表象流入另一表象,同时这些精神能量还倾向于完全再投注于那些附着有满足体验的表象,这些满足体验恰恰是无意识欲望的根源(即:原始幻觉),但是在次级过程的情况下,精神能量则先是被束缚起来,然后按照一种有控制的方式流动,此时表象以一种更稳定的方式被投注,同时满足也受到延迟。此外,在弗洛伊德的理论体系下,原初过程与次级过程的对立还对应着快乐原则(pleasure principle)与现实原则(reality principle)的区分。——译者注

个部分,然而它同时又支配着我们的思想与愿望。另一方面,在拉康看来,无意识是由能指材料(signifying material)构成的。无意识是一个超出我们控制的意指过程;它是透过我们而言说的语言,而非是我们所言说的语言。正是在这个意义上,拉康把无意识界定为"大他者的辞说"(discourse of the Other)。大他者就是语言,亦即象征秩序;这个大他者永远都不会与主体完全地同化;它是一种根本的相异性(otherness),然而正是这种相异性构成了我们无意识的核心。在下一章里,我们将看到这是如何运作的,不过在此之前,让我们首先来看看拉康的主体概念,以及主体是如何由能指决定的。

拉康曾把象征秩序构想成一个总体化的概念(totalizing concept),因为在某种意义上,它标记了人类世界的界限。我们是在语言中诞生的——他者的欲望即是通过这种语言而获得表达的,而我们也被迫通过这种语言来表达我们自己的欲望。因此,我们都受困于拉康所谓的那一"辞说环路"(circuit of discourse):

> 正是这个辞说的环路把我整合在里面。我是其众多环节中的一个。例如,就我的父亲犯下了一些我注定要重演的错误而言,它是我的父亲的辞说……我注定要重演这些错误,是因为我不得已在无意间得到了他托付给我的话语,这不单是因为我是他的儿子,而且也是因为我们无法停止这个辞说的链条,而我的义务恰恰是把它以其偏离常规的形式传递给其他的人。

> (Lacan 1988b [1978]:89)

我们是在这个辞说环路中诞生的;它早在我们出生之前便给我们打上了标记,而且也将继续存在于我们死后。要完全作为人类主体而存在,我们就得"受制"(subjected)于这个象征秩序——亦即语言或辞说的秩序;虽然我们无法逃离它,但是它却作为一个结构逃离了我们。尽管作为个人主体,我们永远都无法充分地掌握这一构成我们世界总和的社会的或象征的总体性,然而对于身为主体的我们,这种总体性却具有一种结构性的力量。

　　在上一章里,我们了解到拉康如何在自我与主体之间作出区分。自我是经由主体与其自己身体的关系而首先形成的一种"想象功能"(imaginary function)。另一方面,主体则是在象征秩序中被构成的,并且是由语言所决定的。根据拉康,在能述的主体(subject of the enunciation:亦即言说行为的主体)与所述的主体(subject of the utterance:亦即言说内容的主体)之间始终存在着一种分裂;换句话说,亦即言说的主体与被言说的主体。根据语言学家埃米尔・本福尼斯特[1]把"我"(I)看作一个"转换词"(shifter)的概念——尽管它没有特定的指涉物,但是却在言语行动中指派了说"我"的那个人——拉康指出,言语中的"我"在语言中根本不指涉任何稳定的事物。这个"我"可以被很多不同的现象所占据:主体、自我亦或无意识。例如,在拉康所谓

45

1　埃米尔・本福尼斯特(Emile Benveniste, 1902—1976),法国结构主义语言学家与符号学家,主要著作有《印欧语系的语言与社会》以及《普通语言学的若干问题》等。——译者注

的"空洞言语"[1]中,"我"便对应于自我;在"充实言语"中,它则对应于主体;而在其他的一些时候,它则既不对应于主体,也不对应于自我。此即当拉康说"我是一个他者"(I is an other)时他的意旨所在,也就是说,主格的"我"(I)并非宾格的"我"(me);这两个术语并不指涉着同一个实体;主体与个体的人有所不同——相对于个体而言,主体是"离心"或者"去中心"(de-centred)的。简而言之,拉康对"我"进行了"去本质化"(de-essentialize),并把象征界及能指摆在了相对于主体而言的优先位置之上。正是语言的结构在言说着主体,而非相反是主体在言说着语言的结构。拉康以其著名的格言将此概述如下:"主体是一个能指对另一能指所表征的东西"(the subject is that which is represented by one signifier to another)。关于《失窃的信》的研讨班无非是对此的一种阐述而已,由此,主体便被捕获于意指的链条,而且正是能指标记了主体,也正是能指决定着主体在象征秩序中的位置。

《失窃的信》

拉康关于《失窃的信》的研讨班最初发表于 1954 年。它在翌年成文并构成了《书写》法文原版的开篇导论,但是该文在一些后来的版本中却遭到了删除。正如本韦努托与肯尼迪所指出的,拉康把关于爱伦·坡的研讨班置于其《书写》的开篇,是旨

---

1 在 1953 年的《罗马报告》中,拉康区分了"空洞言语"(empty speech)与"充实言语"(full speech)。其中,前者联系于语言的想象维度,后者联系于语言的象征维度。用拉康自己的话说,充实言语是一种述行性的言说,它承载着主体欲望的真理,尽管并非全部的真理;而在空洞言语中,"主体似乎在徒劳地讲述一个与之极其相似的人,但是这个人却从不承担起他的欲望"(E, 45)。——译者注

在提供一种双重的功能:它不仅表现了后续的篇章,而且更重要的是,它还建立了一种特殊的阅读模式。"这个故事似乎是在说,为了阅读拉康,我们必须遵循能指的路径,而《书写》中的其余篇章则基本上都关乎于能指的法则"(Benvenuto & Kennedy 1986:23-4)。拉康为其1954年至1955年的系列研讨班给出了一个总的标题,即:《弗洛伊德理论与精神分析技术中的自我》(*The Ego in Freud's Theory and in the Technique of Psychoanalysis*),该研讨班涉及弗洛伊德后期的元心理学文本《超越快乐原则》(*Beyond the Pleasure Principle*,见:1984b [1920])。拉康的首要关注在于弗洛伊德的"强迫性重复"(repetition compulsion)概念,亦即:明显不顾快乐原则而重复不快乐经验的强迫冲动。拉康把这一过程称作是"重复的自动性"(repetition automatism),并将其联系于他的"能指链的坚持"(insistence of the signifying chain)概念。因而,拉康关于《失窃的信》的研讨班是在阐释这一论题,即:能指链的坚持,以及能指对主体的决定作用。

埃德加·爱伦·坡(1809—1849)的短篇小说《失窃的信》是其侦探"迪潘"三部曲的完结篇。这则故事讲述的是国王的一位大臣从王后那里窃取了一封信,先是由警察寻找这封信,然而一无所获,迪潘则最后成功地找到了它。坡的故事中的蹊跷在于:这封信其实从未被隐藏起来,而是始终被完全暴露在外的。根据拉康的说法,这封信是当着国王和大臣的面被交给王后的,而王后又在所有人的面前把信原封未动地留在了桌子上。大臣立刻认识到了这封信的入罪性质,并把信从桌子上捡走了,从而致使王后无法把信要回来,否则就会使国王留意到信的重要性。警察暗中寻找这封信,然而却一无所获,因为他们假定大臣把信藏了起来,而大臣也只是昭然若是地把信放进了悬挂在他壁炉架上的一个信笺夹里。在第二个场景中,我们看到的是对第一个场景的重复,只不过现在是大臣占有了这封信,警察则处在让信从他们眼皮子底下直接溜走的瞎子的位置,而只有迪潘看出了如今被公然悬挂在壁炉架上的这封经过伪装的信的重要意味。

对于坡的故事,拉康的解释集中在两个主要的论题上:首先,是这封信的匿名性,在拉康看来,是这封信在充当着故事的"真正主体";其次,是在故事中重复的主体间关系的模式。除了原先的笔迹出自一个男人之手,以及国王若是知道了信的内容就会危及到王后之外,读者对这封信是一无所知的。随着信的几度转手——从王后转到大臣,大臣转到迪潘,迪潘转到警察总监,警察总监再转回王后——它便形成了一份"象征契约"(symbolic pact),从而使每个占有它的人都处在一个象征关系的链条之上。此外,这则故事还使王后、国王与大臣在小说前半部里的关系重演为大臣、警察总监与迪潘在小说后半部里的关系。这些流转的位置或主体间关系,均围绕着信本身的移位而转动。由于信的内容在这一象征交换过程的自始至终都是未知的,因而我们也可以说这封信是一个没有所指的能指。

按照拉康的说法,小说中不同主体的位置可以根据三种不同形式的"瞥见"(glance)或"目光"(gaze)来界定。第一瞥是什么也没看见的一瞥,也就是说,是国王在第一场景中和警察在第二场景中的位置。因而,这可以被看作是法律的位置——法律是盲目的。第二瞥是"看见第一个人什么也没看见,并且看见他为自己所隐藏的秘密而受了骗"(1988c〔1956〕:32)的一瞥。这是王后在第一场景中和大臣在第二场景中的位置。第三瞥是"看见前面两个人把本该隐藏的东西不加掩饰地放在那里,谁

47

想拿走就拿走"（1988c［1956］：32）的一瞥。这是先前由大臣占据并随后由迪潘占据的位置。于是,我们便可以得到一对重复的三角结构：

国王　　　　　　　　　警察
└　　　　　　　　　└
王后　　大臣　　　　大臣　　迪潘

在拉康看来,《失窃的信》恰好阐明了他的思想：正是能指（信）决定着主体。事实上他还提出,在他从小说中鉴别出的三种主体位置与他的三大秩序或辖域（即：想象界、象征界与实在界）之间存在着某种对应关系,我们可以将这种对应关系表示如下：

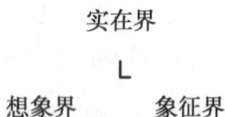

实在界
└
想象界　　象征界

在第一个位置上,拉康发现,国王与"警探们对于实在界的概念是如此的不可动摇"（1988c［1956］：39）[1],以至于他们都未能注意到在自己眼皮子底下发生的事情。这就是拉康所谓的"现实主义者的愚蠢"（realist's imbecility）,或者说是一种天真的经验主义,亦即：认为世界是既定的,而我们跟它只有一种直接的、没有中介的关系。第二个位置是观看者（seer）的位置。在这个位置上,主体既看到了第一个位置对事情的发生是盲目无知的,同时又看到了第三个位置是完全知晓事情的展开并因此握有权力的。然而,处在这一位置上的主体却相信被隐藏起来的真相（即：信的秘密）是仍然可以被隐藏起来的,并因此"欺

1　此句中的"实在界"更多带有"现实"的意味,而非指涉拉康后期思想中的"不可能之真"。——译者注

骗"自己说是这些秘密占有着能指(信)。于是,在第二个位置上,主体便同信产生了一种从根本上说是自恋性的关系,这种自恋的关系即对应着我们在上一章中所概述的想象阶段。第三个位置是象征性的位置,而在此位置上的主体则"在相应的情境与行为中看出了结构的作用"(Muller & Richardson 1988:63)。这是大臣在第一场景中和迪潘在第二场景中的位置。此两者都能看到在自己面前发生的事情,他们不仅明白这封信的含义,而且还清楚自己该如何行动。此即主体在象征秩序中的位置;这样的主体明白自己身处一个更大结构的境地,也了解这一结构在决定自己的行为上所起的功能。

首先是王后,继而是大臣,他们都以为自己可以占据这封信并把它隐藏起来。然而,拉康却指出是信(能指)占据着主体;正是能指把主体写入在象征秩序之中。大臣在拿走并藏起这封信的时候把信重新寄给了自己,不过在这么做时他却把原先的男性笔迹改成了女性笔迹。因而,拉康便提出大臣被捕获"在把他拖进第二个位置的重复的动力之中"(Muller & Richardson 1988:63)。同样,迪潘也无法抗拒把自己的签名留在他自己更换的信上,而在这么做时,他便立刻被拖进了第二个自恋的位置。诚如拉康所言,"从他现在所占据的位置上,迪潘不禁感受到了一种显然带有女性特质的愤怒"(1988c[1956]:51)。迪潘在自己的信上留下了一条神秘的信息,以此报复大臣过去的怠慢,只不过他在这么做的同时也就放弃了自己作为一个超脱的分析家或者观察者而置身事外的位置。主体被能指所捕获,并由连续的重复过程而定位在一条能指链中。拉康写道:"这恰恰是无意识的效果,因为在我们教学的精确意义上,无意识即意味着人是由能指所居住的"(1988c[1956]:48)。主体并不

"*存在*"（exist）于能指链的外部，而是"*坚持*"（in-sist）于能指链的内部。因为每个人对于所发生事情的完整意义都是无意识的，所以这封信便是沿着能指链而移动的一个漂浮的能指（floating signifier）。

49

小 结

20 世纪 50 年代对拉康而言是一个非凡创新的时期。由于结构人类学家克劳德·列维-斯特劳斯以及语言学家费尔迪南·德·索绪尔与罗曼·雅各布森的影响，拉康形成了他的象征秩序的核心概念，并把主体确立为能指的主体。这促成了拉康与传统精神分析的决裂，并为他的主要创新——亦即无意识像语言那样结构的思想——铺平了道路。在下一章中，你们将会了解到：拉康想要借此表达什么；是什么把拉康的无意识与弗洛伊德的无意识区分了开来；以及他著作的重心是如何从 20 世纪 60 年代中期开始转变的。

俄狄浦斯情结与阳具的意义

    在本章中，我们将会看到拉康的著作是如何离开了20世纪50年代的严格的语言学与结构主义的术语学，从而根据无意识的欲望和冲动建立起了一套有关主体的理论。为了帮助你们理解拉康对于一些精神分析概念的重新概念化，诸如阳具、父亲与超我等，我们将首先了解他是如何重新阐述了弗洛伊德精神分析的核心概念，亦即：俄狄浦斯情结。对于拉康而言，阳具并不等同于阴茎，而且作为一个能指，它在三大秩序（亦即：想象界、象征界与实在界）中也执行着不同的功能。同样，父亲也是一个能指或隐喻，而不是一个实际的人。正如我们将要看到的那

样,正是"父亲的名义"(Name-of-the-Father)[1]这个能指,打破了
母亲与孩子之间的联结,并把孩子引入了有关欲望与缺失的象
征秩序。超我即是经由父亲在俄狄浦斯情结中的功能而形成
的。超我是对父亲进行内化的结果,并且对于父亲与超我的角
色,拉康也有着一种非常新颖的理解。在对这些概念中的每一
个依次给出说明之后,我们将会看到这些精神分析概念的基本
悖论性,如何能够帮助我们来理解诸如种族主义与反犹主义之
类的社会现象。

52　俄狄浦斯情结

弗洛伊德的俄狄浦斯情结(Oedipus complex)概念,或许是
普及最广且误解最多的精神分析概念之一。根据古希腊悲剧诗
人索福克勒斯(Sophocles)创作的悲剧作品《俄狄浦斯王》
(*Oedipus Rex*)——俄狄浦斯在无意中杀掉了自己的父亲,并由
于娶到了自己的母亲而成为了国王——弗洛伊德提出:我们最
深层的无意识欲望即是"弑父娶母"的欲望。然而,俄狄浦斯情
结却远比这要复杂得多,它表现了弗洛伊德旨在测定孩子指向
其父母的矛盾情感(亦即:爱慕与敌对)的尝试。在其"肯定"
(positive)的形式上,该情结表现为希望竞争者亦即同性父母死
亡的欲望,并伴随着对异性父母的性欲望;而在其"否定"(nega-

1　"父亲的名义"(Nom-du-Père)这一术语在拉康的"父性隐喻"中特指"父亲对母
　　亲欲望的命名",因此它是在主体的精神现实中运作的一个关键能指,假如这个
　　能指被排除在象征界之外,主体即在结构上成为精神病。此外,值得一提的是,
　　拉康就法语的"nom"和"non"玩了一个文字游戏,因而这一术语也可以被理解
　　作"父亲的不",亦即"来自父亲的禁止"。霍大同先生建议在中文语境下将其
　　译作"父姓",以强调由"父姓"能指本身所携带的乱伦禁忌的功能。——译者
　　注

tive)的形式上,该情结则相反表现为对同性父母的欲望和对异性父母的憎恨。实际上,所谓"常态"(normal)的俄狄浦斯情结,便是由肯定与否定这两种形式而构成的。俄狄浦斯情结的重点即在于,孩子如何学会应对并解决自己指向其父母的这些矛盾情感。弗洛伊德认为,这一过程发生在三至五岁期间。随着俄狄浦斯情结的消退,性欲便会经历一个"潜伏"(latency)期,直至它在青春期里作为成人性欲而重新出现为止。最具争议的是,弗洛伊德坚持声称,俄狄浦斯情结是一种普遍的超历史(trans-historical)与超文化(trans-cultural)的现象:

> 俄狄浦斯情结是众多神经症的核心情结,并且构成了这些神经症内容的基本成分。它代表着幼儿性欲的高峰,并经由其后作用,对成人性欲施加着一种决定性的影响。这个星球上的每个新生儿,皆面临着掌握俄狄浦斯情结的任务;凡是未能做到这一点的人,就会沦为神经症的牺牲品。
>
> (Freud 1991d [1905]:149)

在拉康早期论及家庭的一篇百科全书文章(1938)里,他在俄狄浦斯情结上采纳了一种相当正统的弗洛伊德式理解,而直到20世纪50年代,并经由列维-斯特劳斯(见:第2章)的影响,拉康才开始对该情结发展出一套他自己独特的"结构"模型。对于拉康而言,俄狄浦斯情结首先是一个象征的结构。虽然两个人同居或者结婚往往都是出于一些非常个人和私密的原因,但是这种关系同时也存在着一个更加宽泛的社会性或象征性的面向。这种同居或婚姻的关系,不但涉及两个有关的人,而且还涉

53

及由亲朋好友和社会制度所构成的整个社会网络。因而,这些个人关系,便使得男人和女人们处在一个有关社会意义的象征循环之中。因此,根据拉康,我们就必须在有关的真实的人与将男女关系组织起来的象征结构之间作出区分。在我们的社会中,规定着我们的象征关系与无意识关系的原初结构,即是俄狄浦斯情结。更确切地说,俄狄浦斯情结代表着一个三元结构,它打破了在想象界中被建立于母亲与孩子之间的二元关系,不过,正如我们将要看到的那样,想象界从来都不完全是一个纯粹的二元结构——始终存在着一个有关的第三元素。婴儿最早期经验的特征,在于对母亲的绝对依赖,因为是母亲满足了孩子对喂食、照料和抚育的需要。然而,孩子同时也面对着母亲—他者(m-other)的欲望之谜——我在大他者的欲望中是什么呢?孩子就这一问题想出的种种答案,对于俄狄浦斯情结的消解将是至关重要的。

俄狄浦斯情结标志着从想象界到象征界的过渡。通过一个第三项,亦即"父亲的名义"的介入,母亲与孩子之间相互欲望的这个封闭循环便会被打破,并由此创造出一个空间,在这个空间里,孩子可以开始把自己作为与母亲相分离的存在而加以认同。拉康把这个第三项称作"父亲的名义",是因为它并不需要一个真实的父亲乃至一个男性的人物,而是一个象征的位置,这个象征的位置会让孩子觉察到自己处在母亲欲望对象的位置上。同样,正如我们将要看到的那样,就它的介入禁止了孩子的欲望而言,它也是一个代表权威与象征法则的位置。对拉康而言,这整个过程所取决的关键能指,即是"阳具"(phallus)。

阳具的意义

根据弗洛伊德,俄狄浦斯情结与幼儿性欲的"阳具阶段"[1]是同时发生的。弗洛伊德曾把在此阶段之前的所有儿童都看作是在本质上借由自体情欲[2]来获得性满足的双性存在(bisexual beings)。由此他想表明的是,小婴儿是凭借自己的身体来获得性刺激的。虽然就其本身而言,性对象是根本不存在的,但是婴儿却会通过操纵爱若区(erotogenic zone)来达到满足。爱若区可以是被婴儿指派了性意味的任何身体区域或身体器官,诸如:口腔和肛门的孔洞以及性器官,等等。例如,吮吸手指就是一种自体情欲的活动,因为从某种意义上说,它涉及对一个特定身体区域的刺激并使婴儿从中获得了快感。通过阳具阶段而产生的改变,就在于生殖器变成了性刺激的焦点。然而,在成人性欲与幼儿性欲之间却存在着一个关键的差异,因为对两性的孩子而言,在幼儿期"只有一个生殖器,亦即男性生殖器,引起了人们的注意。因此,被呈现出来的就不是生殖器的首要性,而是'阳具'的首要性"(Freud 1991e〔1923〕:308)。正是由于看到了阴茎的在场与缺位,才迫使孩子认识到男孩子与女孩子的差异。弗洛伊德曾经假定,起初两性都否认女人阴茎的缺位,并相信他们看见了它,即便它不在那里。然而,最终他们却被迫承认它的

54

1　在弗洛伊德的心理性欲发展学说中,"阳具阶段"(phallic phase)是指继"口腔阶段"与"肛门阶段"之后而到来的幼儿力比多组织阶段,其特征在于"部分冲动"(partial drives)或"组元本能"(component instincts)围绕着生殖器官的优先性而被整合起来。在此阶段的孩子,无论男孩还是女孩,都只知道一个性器官的存在,亦即男性的生殖器,同时两性的差异也仅仅被视同于有阴茎和没有阴茎的对立,阉割情结由此而形成:男孩子发展出"阉割焦虑"(castration anxiety),女孩子则形成"阴茎羡慕"(penis envy)。——译者注

2　弗洛伊德的"自体情欲"(auto-eroticism)概念,在广义上是指主体仅仅凭借自己的身体而无需外部对象来获得满足的性行为模式,在狭义上则特指部分冲动借以获得满足的早期幼儿性行为模式。——译者注

缺位,并通过阉割(castration)的概念来解释这一缺位。男孩子把女人看作一个被阉割的男人,而女孩子则不得不接受自己没有阴茎并将永远如此的事实。弗洛伊德并未在阴茎与"阳具"之间作出区分,前者是一个实际的身体器官,后者则是一个性别差异的能指。在弗洛伊德的著作里,"阳具"一词始终保持着其与男性性器官的关联。

对于拉康而言,弗洛伊德关于幼儿性欲的洞见的重要性,并不在于女孩子是否具有阴茎和男孩子是否恐惧自己的阴茎被割掉,而是在于阳具作为缺失与性别差异的能指所起到的功能。在拉康的理论中,阳具不应当被混淆于男性的生殖器官,尽管它清楚地携带着这些意涵。阳具首先是一个能指,而且在拉康的体系中是一个尤其享有特权的能指。阳具运作于拉康的三大辖域——想象界、象征界与实在界——而随着其体系的发展,它便成为了锚定能指链的一个唯一不可分割的能指。实际上,正如我们将要看到的那样,它之所以是一个尤其享有特权的能指,就是因为它开辟了意指过程本身。在本章中,我们将聚焦于阳具的想象和象征面向,以及这些面向如何通过父性隐喻(paternal metaphor)而联系于"父亲的名义"。在后续的章节里,我们将回到有关阳具、享乐与实在界的问题上来。

55   **想象的阳具**

正如我们在上面看到的,孩子渐渐地开始认识到自己与母亲的欲望并非同一,或者说它并非母亲欲望的唯一对象,因为母亲的欲望总是指向别的地方。因此,孩子便会试图再次成为母亲欲望的对象,以期回到与母亲幸福融合的原初状态。母亲与孩子之间的纯粹二元关系,于是就变成了孩子、母亲与其欲望对象之间的一种三元关系。拉康把这个第三项称作想象的阳具

(imaginary phallus)。想象的阳具是孩子为了使自己成为母亲欲望的对象而"假定"(assume)某人所必须具有的东西,因为母亲的欲望常常都指向着父亲,所以它便假定是父亲拥有着阳具。由于孩子试图满足母亲的欲望,于是它便会认同于其假定的母亲丧失的对象,并试图为了母亲而成为那个对象。在孩子的心目中,阳具于是便联系着一个已然丧失且可以寻回的实际对象,正是在这个意义上,阳具是想象的。在拉康看来,俄狄浦斯情结便涉及的是孩子放弃认同于想象的阳具,同时认识到它是一个能指而其本身原先从未存在的过程。因此,弗洛伊德所谓的阉割就是一个象征的过程,它涉及的是孩子对自己"缺失"某种东西(亦即阳具)的承认。对拉康而言,阉割即涉及这样一种过程,即:男孩子只有接受自己"在现实中"永远无法实际拥有阳具的事实,才能接受自己在象征的层面上"拥有"阳具,而女孩子则只有放弃自己对其母亲的"阳具性"认同,才能接受自己"没有"阳具的事实(在后面论及性别差异的那一章中,我们将更详细地来讨论这一非常复杂的观念)。这就是俄狄浦斯情结在拉康那里的功能。

象征的阳具

正是经由"父亲的名义"的介入,孩子与母亲之间的想象联结才被打破。父亲被假定拥有孩子所缺失的某种东西,而这恰恰是母亲所欲望的东西。然而,这里重要的是不能把父亲的名义与实际的父亲相混淆。父亲的名义是一种象征的功能,它闯入了孩子的虚幻世界,并从而打破了母亲与孩子之间的想象二元关系。孩子假定父亲是满足母亲的欲望并且拥有阳具的那个人。正是在这个意义上,拉康认为,俄狄浦斯情结便涉及了一个替代的元素,也就是说,一个能指(父亲的名义)对另一能指(母亲的欲望)的替代。正是经由这一替代的基始作用,意指过程

56

才得以开启,而孩子也作为一个缺失的主体登陆了象征秩序。也正是出于这个原因,拉康把象征化(symbolization)的过程本身描述为"阳具化"的过程。借由父亲的名义,阳具便被安置为在无意识中起组织作用的核心能指。阳具是"原始"丧失的对象,然而这仅仅是就最初没人拥有阳具而言的。因此,阳具就不同于任何其他的能指,它是缺位的能指,而其本身也并不作为某种事物(亦即作为一个对象或者身体器官)而"存在"。让我们更加细致地来着眼于这一点。

拉康把孩子放弃想象阳具的过程等同于弗洛伊德对阉割焦虑(castration anxiety)的说明,不过他却指出阉割过程在弗洛伊德那里比人们通常想象的复杂得多。阉割不仅涉及对失去自己阴茎的焦虑,同时还关系到对"缺失"或"缺位"的承认。孩子担心失去自己的阴茎,且同时认识到母亲并不拥有阴茎。因此,阴茎的概念便在换喻上变得与承认"缺失"联系了起来。正是在这个意义上,拉康认为阳具并不完全等同于阴茎;它是"阴茎加上对缺位或缺失的承认"(the penis plus the recognition of absence or lack)。阉割并不是对业已丧失(在女孩的情况下)或即将丧失(在男孩的情况下)自己阴茎的恐惧,而是放弃自己能够为母亲而成为阳具这一观念的象征性过程。父亲的介入不仅隔离了孩子与母亲,同时也把阳具安置在了一个孩子永远无法抵达的位置上。如果说象征的父亲被看作是拥有阳具的,那么孩子就只有通过放弃想象的阳具才能成为象征秩序中的一个主体本身。然而,在拉康看来,问题却在于我们如何在象征层面上来表现这一"缺失"——亦即:根据定义不在那里的某种东西?他对这一问题的解决之道即是"面纱"(veil)的概念。面纱的概念即意味着一个对象存在于它的背后,这个对象被面纱遮蔽了起来,尽管这只是在主体一方的某种假定。如此一来,面纱便使客体永存的观念成为了可能。因而,基于这样一个事实,即阳具总是蒙上面纱且无法企及的,男孩子与女孩子就都能与它产生某种关系。阳具提供了欲望与意指之间的关键纽带。正是欲望在驱策着象征化的过程。阳具是我们业已丧失并一直寻找,且原先从未拥有过的终极欲望对象。

57

在进一步探究这个复杂的概念之前,我们可以在此作一个总结:阳具代表着孩子被迫认识到他者(亦即母亲)欲望时的那个断裂的时刻。"孩子之所以会拒绝母亲,是因为一个禁止落在了孩子想要成为母亲欲望对象的欲望之上"(Rose 1996a:61)。因此,阳具总是属于别的地方;它打破了母子间的二元关系,并开启了象征交换的秩序。在这个意义上,阳具既是想象的,又是象征的。它是想象的,因为它代表着被假定能够满足母亲欲望的对象;同时,它又是象征的,因为它代表着欲望无法获得满足的认识。由于打破了想象的二元对立,"阳具便代表着一个分裂(亦即'存在中的缺失'[lack-in-being])的时刻,从而把主体自身的根本性分裂重新搬上了舞台"(Rose 1996a:63)。作为一种缺位中的在场(presence in absence),一种"表面上"的价值,阳具是一则诡计(the phallus is a fraud)。

父亲的法则与超我

恰恰是由于父亲的介入,孩子才从幼儿充足的想象世界突然进入了缺失的象征世界。俄狄浦斯情结即标志着这个从想象界到象征界的过渡,或者说,正如弗洛伊德在《图腾与禁忌》(*Totem and Taboo*,1991g[1913])以及《文明及其不满》(*Civilisation and its Discontens*,1991f[1930])等著作中对其理论化的

那样,是从自然到文化的过渡。对于弗洛伊德而言,俄狄浦斯情
结标志着文明、宗教、道德以及艺术的起源。只有通过压抑(re-
pression)和升华(sublimation)我们对于母亲的乱伦欲望,文明与
文化才能发展起来。因此,拉康的"父亲的名义"便被联系于对
乱伦的禁止和对象征法则的鼓动。根据拉康,象征秩序与意指
过程都是"阳具化"的,而且都受制于父性隐喻与父性法则的强
加。父亲被看作是社会象征法则的化身,而父性隐喻的功能即
在于以父亲的法则来替代对母亲的欲望。对拉康而言,这也是
无意识的奠基性时刻,在这个时刻上,阳具就作为无意识的核心
58　组织能指而被安置了下来。然而,父性隐喻的内化也还创造出
了某种别的东西,弗洛伊德将其命名为"超我"(superego)。拉康
则以一种非常独特且非常重要的方式发展了超我的概念。

　　超我是通过自然到文化的过渡,并经由乱伦禁忌的内化而
出现的,且常常被联系于道德意识(良知)的发展。拉康保留了
超我与法则之间的这种联系,并指出了弗洛伊德本人并未提出
的一个内在的悖论。弗洛伊德曾在《图腾与禁忌》一书中指出,
正是乱伦禁忌奠定了所有后来的社会关系的基础。换句话说,
所有人类主体的最根本性的欲望,即是对乱伦的欲望,而对这一
乱伦欲望的禁止,则代表着所有社会的主导性原则。对于拉康
而言,超我被定位于象征秩序,并且与法则保持着一种既紧密又
悖论的关系。就法则而言,这种禁止只在文化领域中运作,而其
目的也总是旨在排除乱伦:

　　　　弗洛伊德把乱伦禁止指认为原始法律的潜在原则,而
　　所有其他的文化发展则无非都是这一法律的结果与派生。
　　同时,他还把乱伦看作是根本的欲望。

　　　　　　　　　　　　　　　　(Lacan 1992[1986]:67)

换句话说,法则是在它试图排除的东西的基础之上建立起来的,或者再换一种说法,企图打破并僭越法则的欲望,即是法则本身得以存在的根本性前提。一方面,超我是对主体欲望进行调节的一个象征结构,而另一方面,它也是对主体欲望的一种盲目无知的律令。正如拉康在《研讨班XX》中所言,除了超我之外,没有任何东西能够迫使人们去享乐:"超我是享乐的律令——享乐吧!"(1998[1975]:4)。因此,超我既是法则,又是对其自身的破坏,或者说是破坏法则的东西。超我出现在法则——公共法律或社会法则——失败的地方,而在这个失败的地方,正如齐泽克所言,法则就不得不"在一种'非法'(illegal)的享乐中来寻找支撑"(Žižek 1994:54)。从某种意义上说,超我即是公共法律的辩证反面;也即齐泽克所谓的淫秽的"夜间"法律(obscene 'nightly' law)——这一阴暗面总是必然伴随着公共法律。根据精神分析的观点,主体完全无法避免这种存在于法则与想要僭越法则的欲望之间的张力,于是这就会表现为"罪疚"(guilt)。实际上,对于精神分析而言,我们并不只是罪疚于打破法则并犯下乱伦的行径,相反,我们总是已经罪疚于犯下乱伦的"欲望"。因此,超我的最终悖论就在于:"我们愈是服从于超我的律令,它的压力就愈大,我们就愈发感到罪疚"(Žižek 1994:67)。在下文中,我们会看到这些概念是如何在日后的实践中运作的,但首先我们还需要再澄清一下超我的最后一种歧义性。

两种父亲

正是通过对俄狄浦斯式父亲的认同,乱伦禁忌才得以内化,主体才被迫放弃了俄狄浦斯式的欲望,而在弗洛伊德看来,这个过程便构成了超我。然而,我们却发现,在弗洛伊德那里,父亲的概念不只一种,而是两种。首先,是俄狄浦斯情结中的父亲,他介入并打断了母亲与孩子之间的关系,从而断绝了孩子对母亲欲望的占有。正是这个俄狄浦斯式的父亲,把法则(也即乱伦禁忌的法则)传递给了孩子,并使孩子的欲望服从于法则。然而,我们却要牢记在心的是,这个父亲本身也是服从于法则的,这一点非常重要。其次,是《图腾与禁忌》中的原父(primal father),他被看作是超脱于法则的。在弗洛伊德的起源神话中,原父是一个具有绝对权力的人物;通过驱逐自己的儿子们和竞争者,这个父亲把原始部族的女人与财富都聚集在了自己的身边。而把这个暴君式的人物与俄狄浦斯式的父亲区分开来的事情,就恰恰在于他自己并不服从于法则——亦即禁止其儿子们占有部族女性的法律。因此,这另一种父亲(亦即残酷放纵的父亲)即是法则的反面。这两种父亲皆在精神上运作于超我的层面。

对原父的认同涉及一个两歧的过程,在此过程中,主体既认同于法则的权威,同时又认同于企图僭越并破坏法则的那些违法的欲望。就超我的概念本身而言,父亲是以一种特别悖论性的方式而起作用的。他既是权威的代言人,同时又是一个超脱于法则的人物,因为他主动僭越了自己强加在其他人身上的法则。因此,由于内化了一个其本身处在法则之外的能指,主体便面对着自己对于权威的服从,以及对于自身欲望的管控。从某种精神层面上说,无论是一个过度严厉的超我,还是对于象征法则的服从,都是主体用来解决这一难以忍受的情境的一种方式。然而,这却隐含的是,如果我们必须为了禁止某种事情而实施一些强大措施,那么就必然相应地存在着一个企图犯下罪行的强大欲望。现在,就让我们透过齐泽克对于种族主义和反犹主义的分析,来看看这一僭越与惩罚的恶性循环是如何在社会领域中运作的。

种族主义、反犹主义与享乐律令

种族主义与反犹主义既是社会结构,也是精神结构。在此,我会聚焦于这些过程的无意识和精神性方面,然而我们却不应当以为,这意味着我们可以把其中的任何一者单独还原为一些心理学的解释。更具体地说,我们会看到种族主义与反犹主义何以会成为我们在上文所考察的那些超我结构的典范。例如,在英国,我们就时常会在媒体里听到或读到这样的消息:移民正在"涌进"我们的祖国,以便白吃白喝我们国家的福利。同时,这些移民还因为窃取了我们的工作并因此让普通民众失业而遭受着攻击。然而,这里却明显存在着一个矛盾——因为如果这些移民靠社会保障过着享受的生活,那么他们就不会参加工作;而另一方面,如果他们努力工作而抢走了我们的饭碗,那么他们就显然不是在靠国家生活,而是在为国家作贡献。在这一点上,精神分析又增进了我们对此一过程的理解,因为它向我们说明了主体何以会设法维持这些矛盾的信念。

种族主义与反犹主义之间的关系,是一种复杂且变化的关系。齐泽克观察到,反犹主义总是在传统上被看作是一个"例外",而在概念化上不同于其他形式的种族主义。经典种族主义提出了一种基于民族优越感的意识形态,并以此来奴役所谓的"低劣"种族,而反犹主义则涉及对犹太人的一种系统化的且有组织的灭绝。此外,纳粹宣传机构还把种族灭绝的需要与其

意识形态的另一基本元素联系了起来。犹太人遭到屠杀,并不
单单是因为他们代表着一种对国家的威胁,而且更重要的是如
果不让这个过程发生,社会象征秩序本身——亦即:新雅利安国
家——就无法获得充分地实现;而正是在这里,超我的概念开始
发挥了作用。

61

在法西斯主义的宣传资料里,"犹太人"亦或犹太种族,即
被描绘成了一群僭越并破坏法则之徒,而其本身必须首先遭到
惩罚并最后遭到消灭,以便产生一个和谐的新雅利安社会。此
外,纳粹分子们还宣称,鉴于有太多的犹太人占据着财富与权力
的地位,于是为了对付他们,国家就必须变得强硬并专制起来。
因此,一方面,我们发现,法西斯主义的宣传资料把犹太人描写
得连人都不如——他们是害虫跟老鼠——以便更易于从理性上
证明灭绝他们的正当性;而另一方面,法西斯主义又把过多的权
力与影响归于犹太人。换句话说,在此发生的是一个双重过程,
亦即:对他者的去人性化,并伴随着一种对他者权力和力量的夸
张。倘若一个特殊群体是如此渺小而微不足道,以至于我们可
以轻而易举地把他们踩死在脚下,那么我们又何必多此一举呢?
他们根本无法造成什么威胁。我们必须消灭他者,恰恰是因为
他们是拥有财富、权势和影响的人。然而,更重要的是,正是由
于他们所拥有的财富、权势和影响,他们便剥夺了"我们"在社
会当中的合法性地位。我们在反犹主义中所发现的,正是借由
超我而表达出来的这种恶性循环:通过超我,法则——亦即维持
并调节社会秩序的那种禁止——便汲取了它所排除之物的力
量。一个政权愈是变得独裁,对它的威胁就必须被"假定"得愈
大。因此,纳粹的意识形态便涉及一种特殊的幻想结构(见:第
5章中对于幻想的说明),正是这一幻想的结构,允许了主体去

调和这些明显矛盾的立场,亦即:犹太人根本不配当人,而其本身则代表着对于"我们生活方式"的一种潜在威胁,同时他们又都超乎常人,并因此而拥有更大的权力、影响与成功。让我们更进一步地详细阐述一下这个双重幻想的概念。

根据精神分析的观点,幻想总是存在着好的一面与坏的一面。除了我们生活的世俗方面与现代文明的恐怖之外,还存在着一个极乐的梦想国度,然而这却始终伴随着一个涉及羡慕、恼怒与怨恨的阴暗面。极权主义便为这一双重结构提供了一个完美的例证。首先,存在着乌托邦的一面——亦即:把完美的国家看作人们有组织地自然联系起来的一个和谐统一社会的幻想。然而,这种乌托邦主义(utopianism)却始终伴随着其对立面——亦即:阻止这个乌托邦实现的那些涉及阴谋、串通与威胁的幻想。因而,齐泽克便指出,如果一个社会要把其现实体验为受到管控并且有着和谐结构的,那么它就必须去压抑那一处在其真正核心上的内在冲突。换句话说,为了让一种乌托邦的幻想运作起来,这一幻想就必须预先假定对其自身一部分的否认和压抑,而该幻想的效力则取决于它在何种程度上做到了这一点。在纳粹分子们看来,犹太人便恰好执行着这样的一种功能。"犹太人"的形象即是反犹主义意识形态的前提;正是它在维系着反犹主义。为了让反犹主义的意识形态运作起来,齐泽克所谓的"概念犹太人"(conceptual Jew)就必须被发明并维持在幻想的层面上。有趣的是,齐泽克指出,在德国的那些最少有犹太人的地区里,纳粹的意识形态往往是最剧烈的。因而,悖论性地是,犹太人存在的威胁和实际的数量愈小,他们的权力就会被知觉得愈大。当然,这反过来便合法化了一种对于武力和镇压的更大使用,而这种武力和镇压,又反过来预先假定了一种针对其

62

自身的更大威胁。这就是超我的自我惩罚性的恶性循环。

　　然而,在此还发生了某种别的事情。任何独裁政权的存在——无论它可能有多么极权——都需要人民群众的主动参与和支持,否则的话,这一政权就会非常迅速地土崩瓦解。可是,人民群众为什么要支持一个过度镇压的政权呢?父亲的两歧性以及拉康所谓的超我的享乐律令(superegoic imperative to Enjoy)就恰恰出现在这里。当一个主体认同于一个领袖式或者父亲式的人物时,该主体也就认同了一个俄狄浦斯式的权力与权威的位置。然而,与此同时,主体又认同于那个处在法则之外的原父,亦即残酷放纵的原始部族的父亲。如果我们没有快乐与享乐的权力,那么我们就会假设这是因为别的什么人侵占并夺走了我们的位置。因此,权力与权势的夸张形象便被推给了其他的"少数民族"群体。根据齐泽克的观点,这就是在反犹主义中运作的逻辑。"犹太人"形象的效力,依赖于我们对某种剩余的假定——亦即:犹太人拥有某种我们所没有的东西,因此他们便有权享有我们被拒绝给予的快乐。为了让种族主义和反犹主义运转起来,一种不可能的、深不可测的享乐——据说它是从我们这里被偷走的——便必须在心理上被归于他者。然而,悖论性地是,齐泽克指出,让一个既定社会得以"团结起来"的

63　　　　　*与其说是对调节着社会"正常"日常生活的公共法律或象征法则的认同,不如说是对一种特殊形式的僭越法则或悬置法则的认同(用精神分析的话说,亦即对一种特殊形式的享乐的认同)。*

　　　　　　　　　　　　　　　　　　　　　　(1994:55)

更具体地说,让一个社会团结起来的,便是给他者或外来群体归于"过多"(excessive)的享乐;例如,把性能力联系于黑人的刻板幻想。对于主体而言,这种给他者赋予过多享乐的归因,于是便作为一种特殊形式的盗窃而运作——亦即:盗取我们自身的享乐。

精神分析以为,这些精神结构——亦即超我、父亲和幻想——所固有的两歧性,不仅是所有社会秩序的必要组成部分,而且对于这些社会秩序自身的运转也是必不可少的。如果在实际上,或者在经验上并不存在什么威胁,那么人们就会发明出来一种威胁,正如纳粹的意识形态必须建构出一个"概念犹太人",以便证明其自身镇压性政权的合法性。这里的重点在于:犹太人并不是纳粹意识形态的原因,而是某种在其结果中被构成的东西,也就是说,犹太人被回溯性地设定成了法西斯政权的可能性条件。在种族主义与反犹主义里,享乐——尤其是"过度"的享乐——总是会被转嫁到他者身上:"他者虽然可能是懒惰的,但是他们却仍旧比我们拥有更多的快乐;他们靠我们的辛勤劳动生活,如此云云"。然而,这本身却并不足以让种族主义生根。他者的享乐还必须被看作是剥夺了我们自己的享乐:"我们努力工作是为了建立一个我们可以引以为豪并在其中幸福生活的社会,但是那些懒惰乞讨的外国人却拒绝给予我们这一目标的实现。因此,我们便不能享受我们的社会,因为他们从我们这里偷走了某种可以最充分地实现我们享乐的东西"。正是这一点,被齐泽克看作是种族主义和反犹主义的逻辑,亦即:对享乐的盗取。

64　## 小　结

　　拉康把精神分析的核心情结——也即俄狄浦斯情结——重新阐述为一种象征结构。因而,在拉康看来,阉割威胁并不涉及一种实际的身体威胁,而是涉及一个象征的过程,因为婴儿在象征秩序中占据了一个欲望主体的位置。同样,拉康以激进的方式重新阐述了父亲的角色。在精神分析中,父亲的角色并不取决于一个实际父亲的在场,而是取决于一个能指,亦即父性隐喻:父亲的名义以象征的法则替代了母亲的欲望。正是经由父名的介入,想象界的二元关系才被打破,阳具才被设定为原初丧失的对象。阳具是最初引起欲望的对象,并且是无意识中的核心组织能指。这些思想经由两种父亲的观念而被联系于超我的功能,因为随着象征法则的内化,便会立即产生僭越这一法则的欲望。在下一章中,我们将更加仔细地来考察有关欲望与无意识主体的问题。

4

无意识的主体

在前两章里，我们的焦点，都在于拉康出自 20 世纪 50 年代的著作，当时他极其强调语言和象征秩序的作用。从"结构主义"这一术语的任何严格意义上说，拉康都并非一位结构主义者，这是出于两个原因：首先，结构主义试图彻底消解主体，并把主体仅仅看作是象征结构的"效果"。另一方面，尽管拉康也试图相对于象征界来定位主体的构成，然而他却并不认为主体可以被完全化约为语言或者象征秩序的效果。其次，对结构主义而言，一个结构始终都是完整的，而在拉康看来，结构——亦即象征秩序——却从来都不是完整的。结构总是存在着某种剩余；亦即某种过剩或超出象征界的东西。这些超出象征界的东西，即是主体与客体（对象）。

在本章中，我们将着眼于在主体方面的这一例外，而在下一章中论及对象小 *a*（*objet petit a*）的概念。在 1964 年的第 XI 期研讨班中，有一个重要的断裂被引入了拉康的著作，因为他当时正试图把自己的无意识概念区别于弗洛伊德的无意识概念,并试图更加系统地来阐述"超越"(beyond)语言与结构的东西。同样,他还以"异化"(alienation)和"分离"(separation)这些新的概念,替代了隐喻与换喻的语言学范畴。正如我们将要看到的那样,异化与分离的过程被紧密联系于欲望与冲动的精神分析概念,而为了帮助你们理解这些困难的概念,我们也将着眼于拉康对莎士比亚的《哈姆雷特》的解读。

无意识的形成

在弗洛伊德看来,无意识在本质上即是"表象"(representation),因为从某种意义上说,它是由幼儿的早期经验与创伤的记忆痕迹所构成的。在弗洛伊德的整个事业生涯中,他曾发展出了许多不同的心智模型:首先,是有关那些在无意识中运作并在意识中寻求表达的强大欲望的经济学(economic)或动力学(dynamic)模型;其次,是有关意识、前意识与无意识的地形学模型;最后,是有关它我、自我与超我的结构模型(见:Thurschewell在 2000 年出版的《弗洛伊德》第五章中对于这些不同模型的说明)。同样,拉康也曾提出过很多不同的无意识的定义,而他在每一概念化上放置的强调,也都在其整个事业生涯中不断地改变。下面,我们就来考察拉康就无意识而提出的三个明确的定义:

· 无意识作为某种缺口或断裂。
· 无意识作为语言那样的结构。
· 无意识作为大他者的辞说。

首先,让我们来看看我们借由无意识想要表达的意思。

根据拉康,精神分析是一门科学。它是一门有关无意识主体的科学,而这个主体首先于 17 世纪出现在现代哲学的奠基人勒内·笛卡尔(René Descartes,1596—1650)那里。拉康既把弗洛伊德的无意识诠释为笛卡尔式主体的直接继承人,同时又认为它破坏了一切衍生自笛卡尔式主体的哲学。在《沉思录》(1642)中,笛卡尔问及了这样一个问题,即:我们如何能够知道我们的信念与我们的现实知觉的真实性。他曾经指出,如果我们拒绝一切引起我们怀疑的事情,并因而把始终带有确定性的事物看作真理,那么我们就只能通过科学来了解真理。然而,笛卡尔发现,这种研究方法的困难性却在于,相比于我们最初开始的立场,它可能会把我们带向更多的困难性与不确定性。正如笛卡尔所言,我们将不得不承认"这个世界上根本不存在任何东西:没有天空、没有大地、没有心灵,也没有身体"(1968[1642]:103)。于是,笛卡尔便得出了这样一种结论,认为我们所能确定的一切即在于上帝和我们自身的存在:

> 因此,如果他[上帝]欺骗了我,那么我的存在就是毫 67
> 无疑问的;就让他尽情欺骗我吧,只要我认为自己是某种存
> 在,他就永远无法致使我化为乌有。于是,在仔细地思考并
> 谨慎地考察了一切之后,我们就必须在最后把每次我在自
> 己内心中对此的表达或设想,当作是对"**我是,我存在**"(I
> am,I exist)这一命题必然为真的保证。
>
> (1968[1642]:103)

另一方面,正如齐泽克所言,从一种拉康派的观点来看,我们能

够确定的唯一事情即是"我们并不存在"（one does not exist）。现在,让我们来试着阐明这一点。弗洛伊德是从一种怀疑的立场出发的,就此而言,他仍旧是笛卡尔主义的,然而,笛卡尔却从这种怀疑的立场走向了显意识的确定性,而弗洛伊德则走上了相反的方向,并把重点放在了支撑确定性的"怀疑"之上。对弗洛伊德而言,精神分析的核心宗旨,即在于绝大多数的精神生活与心理活动始终是显意识所无法触及的。众所周知,他极好地运用了一座冰山的形象来说明人类的心灵,因为在某种意义上,一座冰山只有一小部分是露出水面上而直接可见的,但它的绝大部分则仍然浸没在水面之下。拉康以为,倘若我们要严肃地对待弗洛伊德的无意识,我们就必须把笛卡尔的表述颠倒如下："凭借我怀疑的事实,我便确定了我思"（1979［1973］:35）。意识的确定性总是会受到某种别的东西的支撑:亦即被怀疑、未知或不可知的,亦或是弗洛伊德将其命名为无意识的东西所支撑。因此,在拉康看来,继弗洛伊德之后,我们能够确定知道的唯一的事情,即在于"无意识的主体显现了出来,而它的思想是在它获得确定性之前的"（1979［1973］:37）。在此意义上,无意识就是前本体论的;它并不是一个关乎存有（existence）、存在（being）或非存在（non-being）的问题,而是笛卡尔式的怀疑"未经实现"（unrealized）或者未知的东西。然而,在此我们必须相当清楚的是,就其本身而言,无意识并非怀疑的行动,因为如此就预先假定了一个业已存在的主体。无意识是存在于怀疑之外的未知。

无意识作为缺口或断裂

拉康写道,无意识必须"在其介于知觉和意识之间的断裂

经验中来理解,因为这个非时间性的地点……被弗洛伊德称作
是……另一场景"(1979[1973]:56)。根据弗洛伊德,我们之
所以知道有一种无意识的存在,是因为它恰恰显现在我们的意
识防御机制最薄弱的那些时刻上;例如:通过我们睡眠时的那些
梦境;通过我们其实并不想说却常常脱口而出的那些口误;通过
往往超乎我们的想象而揭示出更多有关我们的真相的那些玩
笑;最后,是通过精神痛苦与心理疾患的那些症状。弗洛伊德以
为,这些例子中的每一个,都指向了一些超出意识思维的过程之
存在,这些过程突然迸发出来,从而扰乱了我们的日常语言和经
验。此即弗洛伊德论及语言的早期文本:《释梦》(1991a
[1900])、《日常生活的精神病理学》(1991b[1901])以及《诙
谐及其与无意识的关系》(1991c[1905])。在《研讨班 XI》中,
拉康始终密切关注于这些文本,并用"结巴"(impediment)、"失
败"(failure)与"分裂"(splitting)等术语来界定无意识。无意识
显现在语言失败和结巴的那些时刻之上。无意识恰恰就是象征
链中的这一缺口或断裂。那么,在何种意义上,拉康可以同样说
出无意识是像语言那样结构的呢?

无意识作为语言那样的结构

无意识像语言那样结构,这是拉康的核心论题,或许也是他
对精神分析乃至文学与文化研究的最有影响的贡献。弗洛伊德
曾经把无意识描述为一个没有句法或语言的领域;一个没有时
间性或矛盾性的领域。难道这与拉康的论题不是直接相矛盾的
吗?对弗洛伊德而言,一切心理状态只有两种可能的存在形式,
要么以思想(亦即表象)的形式而存在,要么以思想加情感(亦
即能量)的形式而存在,而且在这一点上,他还区分出了"词表

象"和"物表象"[1]，前者是意识思维的次级过程之产物，而后者则是无意识的原初过程之产物。这些概念在弗洛伊德那里是十分复杂的，而且他也从未明确地讲清楚他想用这些概念来表达的意思。很多批评家们都以为，弗洛伊德在原初过程与次级过程之间作出的区分，意味着意识思维涉及语言，而无意识则关乎于形象与感觉。然而，拉康却彻底反对这样一种观念。

根据拉康，无意识是由能指的规则所支配的，因为正是语言把那些感觉形象转化成了结构。我们只能经由言语和语言来了解无意识；因此，同样的关系也存在于无意识的元素，即能指和其他形式的语言之间。正如我们在上一章中看到的那样，无意识是经由主体在象征秩序之中的链接（articulation）而构成的。拉康的无意识，既非是一种"个体无意识"（individual unconscious）——就弗洛伊德谈及的那种无意识的意义而言；也非是一种"集体无意识"（collective unconscious）——就卡尔·古斯塔夫·荣格[2]界定的那种无意识的意义而言，亦即把无意识看作是神话形象（原型）与种族遗传的某种储藏库或蓄水池。相反，拉康的无意识则是一种超个人的象征秩序施加在主体之上的"效果"（effect）。由此，我们便可得出三个相关的论题：

1　"词表象"（word-representation）和"物表象"（thing-representation）是弗洛伊德在其元心理学著作中所使用的术语，前者主要是指衍生自事物的视觉性表象，后者则主要是指衍生自语词的听觉性表象。对弗洛伊德而言，这个区分具有非常重要的元心理学蕴涵，即：前意识—意识系统的特征在于物表象与相应的词表象的联结，而无意识系统则相反只包含物表象。——译者注

2　卡尔·古斯塔夫·荣格（Carl Gustave Jung, 1875—1961），瑞士精神分析家，弗洛伊德早期最喜爱的弟子之一，后与弗洛伊德分道扬镳并创立"分析心理学"，主要著作有《心理类型》、《分析心理学的理论与实践》、《原型与集体无意识》、《转化的象征》、《梦、回忆、反思》以及《人及其象征》等。——译者注

（1）无意识不是生物性的,而是某种"表意"（signify）的东西。

（2）无意识是超个人的象征秩序施加在主体之上的效果或影响。

（3）无意识是像一种语言那样结构的。

芬克认为,拉康的无意识不但是像语言那样结构的,而且其本身就是语言,因为正是语言构成了无意识。然而,这却使我们重新陷入了一种思考,亦即:我们说语言的意义何在。对于拉康而言,语言不但是指口头言语和书面文字,也是指任何建立在差异关系基础之上的能指系统。因为一个意指过程恰恰涉及的是编码（coding）和解码（decoding）,或者加密（ciphering）和解密（deciphering）,正是从这个意义上说,无意识是像一种语言那样结构的。由于所指在能指下面滑动而导致意义无法被固定下来（见:第2章）,因此,无意识便在象征秩序中出现于能指与所指之间的"缺口"（gap）。简而言之,无意识是表示某种意义而必须被破解出来的东西。

在《研讨班XX》中,拉康创造了一个新词——"癔言学"（linguisterie）[1],以此来表明他自己对"语言"一词的使用是区别于语言学的。语言学关心的是语言与知识的形式化。另一方面,癔言学则是受到语言学所忽视的那个语言的方面。它指的是语言中的那些意义失败与崩解的时刻;它是有关言词失败的学问。芬克相当恰如其分地将"癔言学"（linguisterie）译作"恶

---

[1] 该词由法语的"linguistique"（语言学）和"hystérie"（癔症）结合而成,故在此译作"癔言学"。——译者注

搞语言学"(linguistricks)[1],并以此来强调无意识的顽皮,因为他总是在试图绊倒主体,并试图捉弄(play tricks on)意识的思维。正是在这个意义上,而非在形式语言学的意义上,无意识是像语言那样结构的。现在,让我们转向拉康的第三个定义,亦即:无意识是大他者的辞说。

无意识作为大他者的辞说

弗洛伊德曾把无意识说成是"另一场景"(other scene)——亦即:人类欲望的永恒领域。拉康则谈到无意识完全是"大他者的辞说"(discourse of the Other)(1977e[1960])。在此,拉康在小他者(little other)与大写的大他者(capitalized big Other)之间作出了一个重要的区分。小写的"他者"始终指涉着想象的他者。我们把这些小他者看作是完整的、统一的或一致的自我,并且把它们看作是给我们赋予了完整存在感的我们自身的映像。这个小他者即是婴儿假定会完全满足自己欲望的镜子阶段中的他者。同时,婴儿也把自己看作是这个他者欲望的唯一对象(见:第1章)。另一方面,大他者则是我们无法与自身的主体性进行同化的绝对相异性。大他者即是象征秩序;它是我们诞生于其中的那门外语,而如果我们想要表达我们自己的欲望,我们就必须学会言说这门外语。同样,它也是我们周围那些人的辞说和欲望,正是经由他们的辞说和欲望,我们才能内化并扭转我们自己的欲望。精神分析教授给我们的东西,恰恰就在于我们的欲望总是跟大他者的欲望难解难分地纠缠在一起。这些欲望首先是我们父母的欲望,因为他们把自己对幸福美满生活

---

1 该词由英语的"linguistics"(语言学)和"tricks"(恶作剧)结合而成,故在此译作"恶搞语言学"。——译者注

的希望和愿望统统寄托在了我们的身上,而且从某种意义上说,他们也把自己在童年时未能实现的梦想和抱负统统倾注在了我们的身上。大他者的这些无意识的欲望与愿望便经由语言(亦即经由辞说)而流进了我们的骨血,因此,欲望总是由语言形成和塑造的。我们只能通过我们所拥有的语言来表达自己的欲望,而且我们也只能通过他者来学习那门语言。根据拉康,没有语言也就没有无意识这样的东西,所以欲望即是通过语言而形成的。因此,无意识的欲望就是在与大他者(亦即象征秩序)的关系中浮现出来的。无意识即是"大他者的辞说",因为我们注定得通过语言和大他者的欲望来言说我们自己的欲望。正如芬克写道:"我们可以说无意识充满了这样的外来欲望"(1995:9)。

精神分析的主体——亦即无意识的主体——只能经由他人或小他者并在与大他者的关系中而进入存在。正如拉康所言,主体显现于大他者的位置(或地点)。像笛卡尔式主体那样,无意识的主体也同样面对着有关其自身存在的问题,或者更确切地说,是其存在的缺失。然而,与笛卡尔式主体不同的是,拉康式主体并不具备自我意识的确定性——亦即:"我思故我在"(I think, therefore, I am);拉康式主体在本质上即是"虚无"(no-thing);它是丧失了其自身存在的一个缺失的主体。在拉康那里,主体也可以被看作是无意识跟欲望的某种等价物,这三个概念几乎同时出现在拉康的理论中。精神分析提出的问题即是:有如何生自于无?在20世纪50年代,拉康曾提出主体是能指的效果,并且是通过隐喻和换喻的过程而实现的。然而,在《研讨班XI》中,他则用"异化"(alienation)和"分离"(separation)的运作取代了隐喻与换喻。此两种运作皆描述的是主体在大他者那里实现(或认识)其自身的过程。

71

异化与分离

异化指的是主体借以首先认同于能指,而其后由能指所决定的过程。这基本上就是在拉康研讨班的头十年中占据其思想核心的言语与语言的主体。在 20 世纪 50 年代,拉康曾描述过异化的两个时刻,并提出主体遭受了双重的异化:首先,是经由婴儿于镜子阶段期间在他者身上对自己的误认而产生的异化;其次,是经由主体在象征界与语言之中的登陆而产生的异化。异化是自我形成的一个不可避免的结果,也是迈向主体性的不可或缺的第一步。与该术语在哲学或政治学理论中的通常理解相反——亦即:把异化看作是为了让真实自体(true self)呈现出来而必须被克服的"自体异化"(self-alienation)——在拉康看来,异化则是不可避免且不可超越的。异化的主体即是能指的主体;它是由象征秩序和语言而决定的主体,并在构成上是分裂的或割裂的主体。自 20 世纪 60 年代中期开始,拉康便不再去谈及异化的这两个时刻,而是去详尽阐述一个单一的过程,这一72　过程指明了能指之于主体的决定作用。从一种拉康派的角度来看,"异化即命运"(Soler 1995a:49)——我们无法逃离语言,同时语言也把我们写入象征界中的某个位置上。

拉康在《研讨班XI》中的突破,即在于他引入了"分离"这个概念。分离被联系于欲望,它指的是孩子借以将其自身与大他者(母亲)区分开来而不单单是一个语言主体的过程。正是透过分离的概念,我们可以看到,对于拉康的那种常见批评——亦即:批评他把一切都化约为语言——是以对其早期研讨班的一种片面阅读为依据的。分离发生在欲望的领域之中,并要求着来自主体的某种"想要成为"(want to be),亦即:一种与能指链相分离的"想要成为"。同样,它还涉及某种"想要知道"(want to know),亦即:"想要知道"处在结构之外并且超出语言和大他者的东西。然而,此种情况下的大他者并不同于异化的大他者。先前我们曾把大他者看作是由能指构成的,但是分离的大他者却首先是一个"缺失"的大他者。我们会在下面看到拉康借此想要表达的意思,但首先还是让我们来审视一下我们所谓的"欲望"(desire)之为何意。

拉康非常谨慎地在"需要"与"欲望"之间作出了区分。需要(诸如饥饿与口渴)是可以被满足的。另一方面,欲望则指涉着超出人类基本需要的某种无法被满足的东西。对于拉康而言,欲望是比弗洛伊德的力比多或"愿望"(Wunsch)更加宽泛且更加抽象的一个概念;在《研讨班Ⅺ》中,他曾遵循斯宾诺莎将欲望描述为"人的本质"(1979［1973］:275)。欲望处于我们存在的真正核心,而就其本身而言,它在本质上是一种与"缺失"的关系;实际上,欲望与缺失是难分难解地绑在一起的。拉康把欲望定义为是从"要求"中减去"需要"而产生的剩余:

> 因而,欲望既非是对满足的胃口,也非是对爱的要求,
> 而是从后者中减去前者所导致的差额,亦即它们分裂
> (Spaltung)的现象本身。

> (1977d［1958］:287)

欲望与无意识是经由认识到一个基本的缺失而建立的,亦即:阳具的缺位。因此,欲望就总是表现着某种在主体与大他者——亦即象征秩序——之中缺失的东西。正是通过大他者,主体才确立了自己在社会象征秩序之中的位置。大他者给主体赋予了

73

其象征性的授权(symbolic mandate),因为正是透过大他者的欲望,主体自身的欲望才得以建立:

> 孩子试图在大他者的欲望中抓住那种本质上不可破译的东西——亦即拉康所谓的变量 X 或者(更好地说是)未知数——由此,孩子自身的欲望才得以建立;大他者的欲望才开始作为孩子欲望的原因而运转起来。

> (Fink 1995:59)

婴儿最早期的经验,是以对大他者(母亲)的一种绝对依赖为特征的,因为是母亲满足了孩子对于喂食、照料与抚育的需要。在此剧本中,婴儿幻想着大他者(母亲)能够满足自己的一切需要与欲望,而作为母亲关注的中心,婴儿便假定自己同样满足了母亲的欲望。渐渐地,婴儿认识到母亲并非是像自己依赖于她那样依赖于自己,而且母亲的一部分欲望也总是指向别的地方。拉康提出,面对此种困境,孩子便对其自身提出了一系列的问题:她想从我这里得到什么? 我对她来说又是什么? 她欲望着什么? 于是,婴儿便被迫认识到不但自己是一个分裂的、缺失的主体,而且大他者(母亲)也是一个欲望的主体,并因此而缺失着某种东西。大他者(母亲)从来都不是完美的,而婴儿对爱的要求则超出(beyond)了那些满足其需要的对象。在拉康看来,正是要求的这一不可化约的"超出"构成了欲望。

就像主体那样,大他者也是缺失的;大他者也是"被划杠"(barred)的。对于主体而言,在大他者的欲望之中依然存在着某种在本质上是深不可测的东西。拉康所谓的分离,即是这一同大他者中的缺失以及"想要成为"的相遇,而不仅仅是缺失。分离关系到两个缺失的偶合或重叠,亦即:主体自身的缺失与大他者之中的缺失。于是,这两个缺失之间的相互作用,便会决定主体的构成。因此,分离就恰好发生在主体能够表述一个问题(亦即:我在大他者的欲望之中是什么呢?)并能够由此将其自身与大他者的欲望区分开来的那个时刻上。尽管大他者的欲望总是会超出或者逃离主体,然而却始终残留着某种主体可以失而复得的东西,主体以此来维持"其自身的存在是一个欲望的存在(being of desire)"(Fink 1995:61),亦或是一个欲望的主体(desiring subject)。这一剩余物即是对象小 a,亦即:欲望的对象—原因(object-cause of desire)(见:第 5 章)。

拉康式主体 74

因此,拉康式的主体是通过两种运动而构成的:其一对应着经由语言而产生的异化过程,其二对应着欲望的分离。然而,拉康却从未明确地指出主体是在什么时刻上出现的,因为主体从来都不是像这样出现的。在拉康的精神分析中,主体是恒常性或者持久性的。拉康总是称主体即将到来或者刚刚到来;主体总是来得太早或者太晚。从来都没有这样的一个时间点,可以让主体被说成是最终作为一个稳定且完整的实体而出现的。主体只能通过一种连续的主体化过程——亦即:异化与分离——在瞬间闪现出来,而非出现在某个特定的时间点上。保罗·沃黑赫[1]对这一过程进行了很好的概括：

> 面对着大他者的欲望之谜，主体试图用言语来表达这一欲望，从而便通过认同于大他者领域中的能指而构成了其自身，然而这个能指却永远无法成功地填补主体与大他者之间的缺口。因此便产生了从能指到能指的连续运动，主体在其中交替地出现与消失。
>
> （Verhaeghe 1998：168）

这里的关键在于：主体"承担"（assume）起了其在象征秩序中的位置，并因而是能够行动的。主体并不完全是由结构所决定的。倘若要成为一个主体，我们就必须相对于大他者的欲望而占据一个位置。婴儿必须将其自身从大他者的欲望之中区分出来。正是这一选择的元素，在象征界的不可避免的决定性之外，允许了改变的可能性。拉康把这个选择的元素称作"先将来时"（future anterior）——亦即：英文中的过去将来时（future past）。主体作出一种选择，正是这一选择将决定着主体的未来，然而悖论性地是，这却是立基于无意识与欲望的无定性（indeterminateness）。从某种意义上说，主体即被悬置在"将要成为的主体"（subject-to-be）与大他者的领域之间，悬置在一种连续不断的踌躇或消隐之中，而实质上它却从未在场。但是，如果说主体没有恒常性或者一致性，而且它也不完全是语言或者辞说的效果，那么它又是什么呢？是什么超出了语言和象征界，而使主体不只是能指的主体呢？这一绝对是根本性的问题的答案，要在精神

1　保罗·沃黑赫（Paul Verhaeghe，1955年生），比利时根特大学临床心理学教授，拉康派精神分析家，主要著作有《女人存在吗：从弗洛伊德癔症到拉康的女性》、《超越性别》以及《孤独时代的爱情》等。——译者注

分析对于"冲动"(drive)的理解中来寻找。根本不存在任何区别于冲动(Es)的主体 $ 。

冲动

在弗洛伊德的整个事业生涯里,他的冲动理论自始至终都在经受着大量的修改。冲动——亦或它在英文中的译法"本能"(instinct)——是一个临界概念,它存在于躯体(身体)与精神(心理)之间的边界上。它由大量的能量及其精神代表[1](别忘了我们前面曾说到无意识即是表象)所构成。让·拉普朗什[2]与塞尔日·勒克莱尔[3]曾把弗洛伊德的"冲动"定义为"一种由机体来源发出的带有生物性的恒常力量,这种恒常力量总是将其自身的满足——亦即通过消除在冲动自身的来源中运作的紧张状态而获得的满足——作为它的目标"(Laplanche & Leclaire 1972〔1965〕:140)。根据弗洛伊德的观点,冲动具有四个特征,即:其"压力"、其"目标"、其"对象"及其"来源"(1984c

---

1　"精神代表"(psychical representative)是弗洛伊德在其冲动理论的框架下所使用的术语,以指称躯体内部的兴奋在精神层面上获致的表达,其中包括两种元素,即:表象与情感。——译者注

2　让·拉普朗什(Jean Laplanche,1924—2012),法国著名精神分析学者,拉康早期三大弟子之一,著述颇丰,早年曾与让-伯特兰·彭塔力斯(Jean-Bertrand Pontalis,1924—2013)合著《精神分析词汇》(1966),该书是目前弗洛伊德研究领域在世界范围内最重要也是最权威的一部词典,其主要代表作还包括《精神分析中的生与死》、《未尽之哥白尼革命》、《精神分析的新基础》以及七卷本《问题》丛书等。——译者注

3　塞尔日·勒克莱尔(Serge Leclaire,1924—1994),法国著名精神分析家,拉康早期三大弟子之一,曾以其"独角兽的梦"在早期拉康派阵营中崭露头角,尔后以其精神病治疗理论立足于精神分析学界,代表作有《精神分析》、《揭穿实在的面具》、《他者的国度》以及《精神病的心理治疗原则》等。——译者注

［1915］：118）[1]。弗洛伊德用压力来指称冲动的动力性因素,也即"一种力量或者由它表现出来的运作的需求量"（1984c［1915］：118）。施加压力是所有冲动的一个共同特征,而且它也代表着冲动的本质。冲动的目标则试图寻求其自身的满足,并试图通过消除刺激源来实现这一满足。冲动的对象即是冲动为了实现其目标而依附于其上的客体。弗洛伊德曾把冲动及其对象之间的那种特别紧密的附着命名为"固着"（fixation）。最后,冲动的来源则是"出现于身体的某一器官或某一部分的躯体过程,其刺激通过本能而表现在精神生活之中"（1984c［1915］：119）。总之,冲动是起源于身体并作为表象而在精神中寻求表达的某种东西。弗洛伊德主要关心的是这些冲动的目标以及它们获得满足的方式。

　　尽管我们无法在此详尽地探究弗洛伊德有关冲动的那些不同的理论,然而有一点却是至关重要的,亦即知道本能与冲动之间的区别。本能指的是一种可以被满足的（生物性）需要。对此,弗洛伊德通常给出的例子,就是我们在上文中提到的那些饥饿与口渴,等等。这些需要在身体内部引发了一种可以被满足并同时被抵消的兴奋。然而,在另一方面,冲动则是无法被满足的,其特征在于它施加在意识上的压力的"恒常性"（constancy）。弗洛伊德式冲动的模型,即是他所谓的"力比多"（libido）概念——亦即性能量——或者我们也可以将其译作"愿望"或"欲望"。根据拉普朗什和勒克莱尔的说法,正是由于冲

1　其中,"压力"（pressure）与"来源"（source）属于冲动概念的躯体性方面,而"对象"（object）与"目标"（aim）则属于冲动概念的精神性方面。拉康曾在《研讨班 XI》中指出,冲动的这四个要素只能脱节地出现,就好像一副超现实主义的拼贴画那样,在那些最为异质性的形象之间连续地跳跃,而没有任何的过渡,此即拉康所谓的"冲动的蒙太奇"（montage of drive）。——译者注

动被引入了需要的领域中,从而标记出了需要与欲望之间的区分:"冲动在需要的领域中引入了一种爱欲的品质:需要将被力比多取而代之"(1972［1965］:140)。力比多是人类存在的根本原动力;它是作为人类一切思想、行动乃至社会关系之组织化原则的无意识欲望。在弗洛伊德的整个事业生涯里,他自始至终都主张一种二元的冲动理论。首先,在《科学心理学大纲》(*Project for a Scientific Psychology*)中(1954［1895］),他曾区分了受限制的与不受限制的能量。继而,在《性欲三论》(*Three Essays on the Theory of Sexuality*)一书中(1991d［1905］),弗洛伊德又区分了力比多(亦即性冲动)与自我冲动,或者自我保存的冲动。最后,弗洛伊德渐渐接受了其分析家同道们的批评,转而赞同自我保存的冲动在本质上也是性的冲动,于是,在《超越快乐原则》(*Beyond the Pleasure Principle*)中(1894［1920］),他便最终系统阐述了自己有关"爱若斯"(Eros:即快乐原则)与"塔纳托斯"(Thanatos:即死亡冲动)的宏大神话学理论[1]。

在拉康看来,弗洛伊德的冲动概念,或许就是精神分析学之于人类心理学领域以及我们对主体性的理解的最重要的贡献了。拉康坚持以需要概念来保留弗洛伊德在冲动与本能之间作出的区分,而在他的早期著作中,冲动则被紧密联系于欲望。毕竟,冲动和欲望两者都共享着从不实现其目标的特性。冲动始终环绕在其对象的周围,却从不实现抵达其对象的满足。因此,冲动的目标就完全是旨在维持其自身的强迫性重复运动,正如欲望的目标是旨在欲望那样。然而,拉康的冲动理论却在两个

---

[1] "爱若斯"(Eros)与"塔纳托斯"(Thanatos)分别是古希腊神话中的爱神与死神,弗洛伊德借用了他们的名字来指称他自己提出的"爱欲"(生命冲动)与"死欲"(死亡冲动)。——译者注

重要的方面上不同于弗洛伊德的冲动理论。弗洛伊德认为性欲是由一系列的部分冲动(partial drive)所组成的,他据此划分了口腔阶段、肛门阶段与阳具阶段。在俄狄浦斯情结消解之后,上述这些阶段的部分冲动便会被整合成一种整体的生殖冲动(genital drive)。与弗洛伊德相反,拉康则认为所有的冲动都是部分冲动,因为从某种意义上说,永远都不存在一种和谐的解决之道,能把主体身上的各个部分冲动整合起来。此外,一个部分冲动也并非代表着一个整体冲动的"部分"(part),而是反映了冲动在性欲再生产中的"偏好"(partiality)(见:第6章)。同样,拉康还在另一个重要的方面上发展了弗洛伊德的冲动理论。他曾以为重要的是保留弗洛伊德的二元论,而非把一切都化约为一种单一的驱力,然而他又拒绝弗洛伊德有关两种不同冲动(即"爱若斯"与"塔纳托斯")的概念。在拉康看来,每个冲动在本质上都是性冲动,同时每个冲动又都是一个死亡冲动。对拉康而言,从根本上说,只存在着一种冲动,亦即死亡冲动,而且正如我们将要看到的那样,这一冲动将被越来越多地联系于实

77　在界和"享乐"(jouissance)。自《研讨班 XI》开始,拉康便将冲动与享乐同欲望对立了起来,而主体所能企及的那一小块的实在——亦即"享乐"——则被命名为"对象小 a"(见:第5章)。这些概念是非常复杂的,而为了帮助你们更好地理解它们,让我们通过拉康对莎士比亚的《哈姆雷特》的解读,来看看他是如何相对于大他者的欲望来设想主体的概念的。

《哈姆雷特》与欲望的悲剧

对于精神分析而言,《哈姆雷特》连同索福克勒斯的《俄狄

浦斯王》,向来都是一个重要的文学参照。在其《释梦》一书中,
弗洛伊德就曾基于压抑在人类情绪生活中的长期发展,在这两
部戏剧之间作出了区分,从而开创了首卷精神分析式的文学
批评:

> 在《俄狄浦斯》中,潜藏于儿童内心的愿望以幻想的形
> 式公开表露,并可以如它在梦中一般得到实现。然而,在
> 《哈姆雷特》中,这个愿望却一直遭受压抑;而且——就像
> 在神经症的情况中那样——我们只能从其抑制性的结果来
> 获悉它的存在。奇怪的是,这出更为现代的悲剧所产生的
> 压倒性效果,居然与这样一个事实并行不悖,亦即:人们始
> 终完全摸不透主人公的性格。
>
> (Freud 1991a [1900]:366-7)

对于弗洛伊德而言,以及在日后对于欧内斯特·琼斯(1949)而
言,哈姆雷特的犹豫——亦即:犹豫要不要采取行动,向自己的
叔父报杀父之仇——便可以根据他压抑了自己对母亲的俄狄浦
斯式欲望来理解。哈姆雷特的叔父杀害了他的父亲,并继而迎
娶了他的母亲,由此便实现了哈姆雷特自己的无意识欲望,因
此,哈姆雷特反而无法将他杀掉。另一方面,对于拉康而言,
《哈姆雷特》却并非是一出有关被压抑的俄狄浦斯式剧本的戏
剧,而是一部有关主体性与欲望的戏剧(1982)。《哈姆雷特》是
一出欲望的悲剧;哈姆雷特这个人物的悲剧,就在于他丧失了自
己欲望的道路,因为他的欲望与大他者的欲望是难分难解地纠
葛在一起的。诚如伊丽莎白·赖特(Elizabeth Wright)写道的:
拉康把《哈姆雷特》用作"一则寓言,同时用它来譬喻闭锁的欲

望和给欲望解锁的哀悼的行动"（1999：77）。在《哀悼与忧郁》（Mourning and Melancholia, 1977）一文中,弗洛伊德曾指出,哀悼的工作即涉及力比多从逝去的爱人那里逐渐撤回。这一过程发生缓慢,在此期间"丧失对象（逝去的人）的存在便在精神上得到了延长"（1984d［1917］：253）,而主体的欲望则始终固着于这一丧失的对象。一旦哀悼的工作被完成,主体便可以自由地将其欲望导向别的地方。根据拉康的观点,哈姆雷特之所以无法充分地哀悼他死去的父亲,恰恰是因为他的母亲过早地嫁给了他的叔父,以至于他的叔父代替了象征的父亲。因此,在哈姆雷特可以撤回他的欲望并将其欲望导向别处之前,他的母亲就用一个新的对象代替了丧失的对象。正如我们在上一章里看到的,原初丧失的对象即是阳具,而拉康提出,哈姆雷特无法哀悼将会开启其自身欲望的运动的阳具的丧失。弗洛伊德指出,在这样的情境下,哀悼即变成了忧郁。哀悼与忧郁之间的关键差异在于："在哀悼行动中,是世界变得贫瘠与空洞;而在忧郁中,则是自我本身变得贫瘠与空洞"（Freud 1984d［1917］：254）。在忧郁中,哀悼行为被自恋性地回转到自己身上,而主体也把其自身的自我认同于丧失的对象。因此,忧郁便具有阻碍自然的哀悼过程,并把主体凝固于时间之中的效果。

拉康把自恋联系于想象秩序（见：第 1 章）和母子二元关系。拉康指出,哈姆雷特的困境,就在于如何把他自己从大他者（母亲）的要求之中分离出来并实现他自己的欲望。因此,拉康便把哈姆雷特在采取行动报杀父之仇上的这种声名狼藉的犹豫,解释成是大他者的欲望之表现。哈姆雷特只是无法在他自己的欲望与大他者的欲望之间作出选择。在此我们需要清楚的是,虽然不是哈姆雷特对其母亲的欲望阻止了他,但是他却固着在其母亲的欲望之中。哈姆雷特只是无法区分开他自己的欲望和他母亲的欲望。哈姆雷特混淆并扭曲了他自己的欲望；他非但没有把自己的欲望看作是相对于大他者（或在与大他者的关系中）而构成的，反而将其等同于大他者的欲望。

我们也可以通过哈姆雷特与奥菲利亚的关系而看出这种混淆。拉康把奥菲利亚看作是欲望的对象——亦即：对象小 a，亦或哈姆雷特欲望的对象—原因。在这出戏剧的一开场，哈姆雷特便疏远了奥菲利亚。他远离她，远离了自己心爱的对象，但是如此一来，他却消解了主体与对象之间的想象关系。由于消解了主体与对象之间的边界，哈姆雷特便无法认识到他自己的主体性。他的整个存在，都因拒绝欲望的对象而消耗殆尽，于是，悖论性地是，他便被困进在大他者的欲望之中。只有当奥菲利亚死去的时候，也就是说，当她再度是不可企及的时候，她才能再次成为他欲望的对象。在拉康看来，哈姆雷特的悲剧，即是一个主体被悬置在大他者的时间之中的悲剧。哈姆雷特总是过早（就杀掉波洛尼厄斯而言）或者过晚地（就他未能在教堂里杀掉克劳迪亚斯，或者承认他的欲望对象而言）采取行动，直至最后一刻的到来。只有在这部戏剧的结尾，也即在哈姆雷特受到致命伤的时候，他才最终承担起了自己作为一个主体的位置。

79

小　结

　　根据拉康,我们无从知晓无意识之*为*何物(what the un-conscious is) 。实际上,根本没有这样一种事物,它不过是一种假设而已;我们无从知晓无意识,而只能从主体的言语当中将其推断出来。我们可以推断出在彼处存在着某种"知道",一个未知的 X。在这个意义上,无意识是在象征秩序之中表现出来的,并且是经由主体与超个体的象征秩序的相遇而显露出来的。倘若没有一个大他者(an-Other) ,也就不会有什么无意识了。无意识取决于一个大他者的存在——亦即取决于一个能够破译其铭文的对话者、解读者亦或分析家的存在。同样,无意识的主体,亦即欲望的主体,并不等同于人类的个体,它是在能指与所指之间的缺口之中被构成的某种东西。主体之所以是能指的主体,是因为它是由语言所标记的。同时,主体是能指链上的豁口(breach)——亦即在象征界与实在界之间打开的缺口,冲动即是通过这个缺口表现出来的。在下一章中,我们将进一步讨论这些思想。

实在界

　　"实在界"(real)是拉康最困难但同时也是最有趣的概念之一。理解实在界的困难,部分地是由于它其实并非是一种"事物";它既不是存在于这个世界上的某种物质对象,也不是人类的身体或者"现实"(reality)。对于拉康而言,我们的现实是由象征符号与意指过程所构成的。因此,我们所谓的"现实",即联系着象征秩序或者"社会现实"(social reality)。然而,实在界则是未知的,它存在于这个社会象征世界的边界之上,并且处在与社会象征世界的持续张力之下。同样,实在界也是一个非常悖论性的概念:一方面,它支撑着我们的社会现实——倘若没有它,社会世界就无法存在——但另一方面,它也破坏着我们的现实。理解实在界的进一步困难在于:拉康对之的构想,在其整个事业生涯中始终经历着根本性的变化。我们将沿着实在界概念在20世纪50年代的提出(此时,它尚且是一个相对发展不充分的概念),经由1964年到70年代初的关键时期(此时,这个概念被拉康用来重新阐述他对想象界与象征界之间关系的理解），一直到他晚年的著作（此时，实在界被提升至了拉康思想的核心范畴）。在其教学的每个阶段之中，拉康都会给实在界放置一个不同的强调，尽管它也会保留原先的那些定义与功能。因此，就像拉康的许多概念那样，对于实在界的思考，也会迫使我们重新评估并重新阐述我们先前对其著作的理解。在拉康的晚年，实在界与他对幻想的作用、对象小 a 以及享乐的理解是分不开的。首先，我们会对这些重要概念中的每一个依次进行考察，而随后，我们会通过罗兰·巴特极具造诣的最后一部著作《明室》（*Camera Lucida*）来阐明实在界的功能。

82

实在界始终在其位置上

从 20 世纪 50 年代开始，一直到 60 年代初，拉康的创造性能量都集中在系统阐述能指与象征秩序的作用之上。在此时期，实在界在他的概念体系中执行着一个重要的功能，然而它的发展仍然是相对不充分的。在拉康最早发表于 20 世纪 30 年代的那些论文里，他就曾使用过"实在"这一术语，只是在这些早期文本之中，它基本上是一个指涉"绝对存在"（absolute being）或"自在存在"（being-in-itself）的哲学概念。因而，实在界是相对于镜子阶段的想象界而被概念化的。作为"自在存在"，实在界超越了表象（appearance）及形象的领域。

然而，在 1954 至 1955 年关于爱伦·坡的《失窃的信》的研讨班中，这一概念却经历了一个重大的修正，而且上升成了三大秩序之一。实在界作为"始终在其位置上的东西"，与想象界和象征界形成了对立。拉康在此时给实在界赋予了相对较低的地位，我们可以根据他在此对实在界的说明而判断出这一点，亦即:他把实在界看作是某种像在大街上被吐出的口香糖那样始终黏在人们脚后跟上的东西(Lacan 1988c［1956］:40)。在拉康教学的这一早期阶段,实在界被描述为"具体的"(concrete)——它是一种先于象征化而存在的不可分割的原始物质性(brute materiality)。从一种临床的视角来看,实在界就是始终以某种需要的形式——诸如饥饿等——返回到其位置上的那种原始野性的前象征性现实(pre-symbolic reality)。因而,实在界便被紧密联系于遭受象征化之前的身体,然而在此需要牢记的是,实在界是驱使饥饿的"需要"(need),而非满足需要的"对象"(object)。当婴儿感受到饥饿的时候,因为这种饥饿可以通过母乳或人工喂养而得到暂时性的满足,于是乳房和奶瓶就变成了饥饿的对象,然而在拉康的精神分析中,这些对象却是想象的,因为它们永远也无法充分地满足孩子的要求。实在界即是需要从中发源的那个"位置"(place),而且在我们没有任何办法将其象征化的这层意义上说,它是一个前象征的位置。我们之所以知道实在界的存在,是因为我们体验到了它,因为它作为一种符号——亦即婴儿的啼哭——进入了我们的辞说,然而它从中发源的那个位置却是超越象征化的。因此,实在界就并非是一种对象或者一种事物,而是某种受到压抑并在无意识的层面上运作的东西,它以需要的形式闯入了我们的象征性现实。实在界是一种无处不在的未经分化的块状物,我们必须经由象征化的过程,从实在界中区分出作为主体的我们自己。正是通过抵消实在界并将其象征化的过程,"社会现实"才得以被创造出来。总之,"实在界不存在"(the real does not exist),因为存在是一种思维与语言的产物,而实在则先于语言。实在界是"绝对抵制象征化的东西"。

83

实在界之为象征化的界限

从 1964 年开始,实在界的概念便在拉康的思想中发生了转变,从而丧失了它与生物学或需要的关联。尽管这个概念仍旧继续保持着它与原始物质(brute matter)的联系,但是此时它在拉康那里的突出意义,却是那种作为不可象征化的东西。实在界即是超出象征界与想象界之外,并且同时充当着两者的界限的东西。尤其是,实在界被联系于"创伤"(trauma)的概念。

在医学上,创伤指的是任何类型的创口或损伤,而如今我们更熟悉的,或许就是精神分析的创伤概念。例如,我们在媒体中会听到或读到大量有关"创伤性"(traumatic)事件的报道,诸如火车相撞、战争亦或其他的人类灾难等。这些事件对于那些曾经历它们或者仅仅目睹它们的人们所造成的影响,往往都被说成是创伤性的,并且是导致心理紊乱的。为了修复这些创伤,患者通常都需要接受某种形式的心理咨询或心理治疗。目前,心理创伤的最常见形式,被看作是身体虐待和性虐待(诸如乱伦)。然而,对精神分析而言,创伤却未必是某种"在现实中"(in reality)发生于一个人身上的事情。相反,它往往都是某种"精神性"(psychical)的事件。精神创伤是由于一个外部的刺激与主体无法理解并掌控这些兴奋之间的冲突而引起的。在最常见的情况下,这样的冲突皆起因于主体过早地遭遇到性欲的侵袭,并且无法理解究竟发生了什么。于是,这样的事件便在主体的无意识之中留下了一道将在日后生活里重新浮现出来的心理伤痕。对弗洛伊德而言,创伤的概念与原初场景[1]有关,在原初场景之中,孩子或真实或想象地体验到了它所无法理解的东西。这段无法同化的记忆会遭到遗忘和压抑,直到日后的某个或许无关紧要的事件把它重新带回意识。

创伤的概念即意味着在意指过程中存在着某种阻塞或固着。创伤阻碍了象征化的运动,并使主体固着在一个较早的发展阶段上。例如,一段记忆被铭记(fixed)于某人的心头,导致他产生了强烈的心理紊乱与精神痛苦,且无论他试图怎样去合理化并表达这段记忆,它都会不断地返回并重复着痛苦。拉康给弗洛伊德的创伤概念补充了一种见解,即:创伤是"实在"的,因为它始终是无法象征化的,并且是处在主体中心的一种永久的错位。同样,创伤性体验还揭示出了实在界何以会永远无法被完全吸收进象征界和社会现实的原因所在。无论我们通常试图怎样去把我们的烦恼和痛苦诉诸于语言,亦即使其象征化,总是会有某种东西残留下来。换言之,总是存在着某种无法经由语言而转化的剩余。这个拉康称之为"X"的剩余部分,就是实在界。正如我们将要看到的那样,随着拉康日益强调与实在界相遇的"不可能性"(impossibility),实在界于是便同死亡冲动和享乐联系了起来。不过,让我们首先来说明一下,一个对象何以会不存在,而同时又深深地影响着我们的生活。

Das Ding(大写之物)

在拉康教学的第二阶段,实在界便丧失了其早期概念所保

---

[1] 根据弗洛伊德的定义,"原初场景"(primal scene)是指孩子观察所见,亦或基于某些迹象猜测并幻想出来的父母性交之场景。它通常被孩子解释为父亲一方的暴力行为。——译者注

留的"物性"(thingness)意涵。在拉康关于精神分析伦理学的研讨班(1959—1960)上,他曾试图澄清弗洛伊德关于无意识的定义,并特别阐明了是什么遭受压抑的问题。对弗洛伊德而言,倘若没有压抑,也就不会有无意识的存在,但是确切地说,究竟是什么受到了压抑:语词、形象、感觉? 这一问题不但引发了诸多的争论,而且也是为什么会存在这么多不同精神分析学派的一个原因之所在。在拉康看来,受到压抑的不是形象、语词或情绪,而是某种更加根本性的东西。弗洛伊德偶然发现了这个东西,当时他曾在《释梦》中指出,梦具有一个不可穿透的坚硬内核——他将其称作是梦的"脐点"(navel)——超出了我们的解释范围。拉康以为,受到压抑的东西,就是这一不可穿透的顽固硬核。总是存在着一个从象征界中丢失的实在的核心,而所有其他的表象、形象与能指都无非是旨在填补这一缺口的尝试。在第 VII 期研讨班中,拉康即把这个受到压抑的元素指定为"表象代表"(the representative of the representation)[1]或"大写之物"(das Ding)。

85   这个物是超出所指的——亦即其本身是不可知的东西。它是某种超越象征化的事物,并因此而联系着实在界,或者用拉康的话说,是"在其无言现实之中的物"(1992[1986]:55)。物是必须被不断重新找回的一个丧失的对象。然而,更重要的是,"这一对象不在任何地方显现,它是一个丧失的对象,可是悖论地是,这个原先从未存在的对象却要经受丧失"(1992[1986]:58)。物是"最根本性的人类激情的原因"(1992[1986]:58);

---

1   根据拉普朗什与彭塔力斯的《精神分析词汇》,"表象代表"(Vorstellungsrepräsentanz)是指在主体的历史进程中,冲动所固着的表象或表象群;正是经由表象代表的中介,冲动才得以在精神中留下它的标记,而拉康则将弗洛伊德的冲动及其表象代表的关系比作是"能指的铭记"。——译者注

它是欲望的对象—原因,而且只能被回溯性地构成。"客观上"讲,物即是"非物"(no-thing)[1];它仅仅是相对于将其构成的欲望而言的某种东西。继 1959 年至 1960 年的研讨班之后,"物"的概念便从拉康的著作中全然消失了,并在 1964 年被"对象小 a"的概念所取代。就实在界而言,我们在此需要牢记的就是:物即"非物",而只有通过主体的欲望,它才能成为某种事物。这种虚空(emptiness)或空无(void)恰恰处在主体性与象征界的核心,而旨在填补这一空无的欲望即创造了物,与之相对的是某种原物(original Thing)的丧失,正是这一丧失创造了找回它的欲望。在第 4 章中,我们曾了解到拉康如何把这一过程命名为"分离"(separation)。在其后期著作中,拉康又给分离的概念增补了幻想以及他所描述的"穿越基本幻想"(traversing the funda-mental fantasy)的观念。

无意识的幻想

精神分析的首要关切在于我们无意识的欲望与愿望的现实,而非在于社会的现实。这些无意识的欲望是通过幻想而表现出来的。幻想即是主体在其中担当主角的一个想象的场景,它总是代表着某种愿望(而归根结底,是一个无意识的愿望)的实现——此种愿望总是通过某种在或多或少的程度上由各种防御过程所扭曲的方式而实现的。幻想是性欲所固有的,而且是精神分析的核心关注点之一。正如我们稍后即将看到的那样,这些幻想从来都不是某种纯粹的私人事件,相反,它们会通过电

1　拉康曾在法语中就"物"(la chose)与"非物"(l'a-chose)玩过一个同音异义的文字游戏,并以此来表明弗洛伊德之"物"作为对象小 a 的"空性"。——译者注

影、文学与电视等媒体而流通于公众领域。因此,幻想是既具有普遍性又具有特殊性的。尽管不断重现在这些幻想剧本之中的主题或者主要叙事的数量有限,但是它们却可以通过主体日常生活中的偶然材料而得到不断的改进。

86　　　这些幻想通常都是意识元素与无意识元素的共同结合,而且存在于现实与想象的两极之间。对弗洛伊德而言,基本上存在着三种现实:

> (1)物质现实,亦或物理现实;
> (2)心理现实,亦或我们思维中介的现实;
> (3)精神现实,亦或无意识欲望的现实,即:幻想。

> (Laplanche & Pontalis 1986 [1968]:8)

虽然弗洛伊德的精神现实概念通常都只是意味着我们的思维与个人世界的现实,但是它却有如物质现实一般的真实。幻想即存在于这个"精神现实"(psychical reality)的领域。拉普朗什与彭塔力斯区分了两类幻想:一类是原始(original)或原初(primal)幻想,另一类是次级(secondary)幻想。次级幻想关乎的是白日梦与既定剧本的修订,它们不是我们在此的直接关注点。另一方面,原始或原初幻想则是一种更加复杂的事物。这些原始的或原初的幻想是普遍存在且数量有限的;例如,俄狄浦斯情结就是如此作为一种普遍的幻想结构而运作的。这些原初幻想的原始性意义,并非是就它们是所有日后幻想的起源而言的,而是因为它们皆是"有关起源的幻想"(fantasies of origins)——例如,弗洛伊德在《图腾与禁忌》一书中曾详细阐述过的那些幻想性起源(fantastical origins)的场景。正是这些原初幻想奠定了主体日后精神生活的模式,而从这个意义上说,它们就是在"结构着"而非表现着一个固定的内容。在第 6 章里,我们将会看到,此种结构性作用是如何相对于性别差异而发生的。

幻想起源于"自体情欲"与冲动的幻觉性满足(hallucinatory satisfaction)。拉普朗什和彭塔力斯写道:"当缺乏一个实在的对象时,婴儿会以一种幻觉化的形式来重现原始满足的体验"(1986［1968］:24)。因而,我们的那些最基本的幻想,就联系着我们在最早期体验到的那种欲望的升腾与消退。这里的重点即在于幻想与欲望之间的关系的本质:"幻想不是欲望的对象,而是它的背景"(1986［1968］:26)。幻想是主体用来结构或组织自身欲望的方式;它是欲望的支撑。在上一章里我们曾了解到,主体如何面对大他者的欲望之谜,并被迫对其自身提出了一系列的问题,诸如"我在大他者的欲望中是什么?"的问题。正是通过幻想,我们才学会如何去欲望,我们才被建构成欲望的主体。齐泽克写道:幻想的空间"起着一个空白平面的作用,亦即它充当着某种用来投射欲望的屏幕"(Žižek 1992:8)。在此,我们可以清楚地看到,拉康主义何以会吸引到电影研究的原因之所在。幻想既非是欲望的对象,也非是针对某些特定对象的欲望;它是欲望的布景或"搬演"(mis-en-scène)。我们从幻想中攫取的快乐,并非是因其目标及其对象的实现而产生的,而是首先产生自欲望的上演。幻想的整个要点,即在于它绝不应当被实现,或是与现实相混淆。在幻想与实在之间起中介作用的关键术语即是"对象小 *a*"。

幻想与对象小 *a*

从其最早的著作开始,一直到其 20 世纪 70 年代的最后研讨班,拉康都始终在阐述他的"对象小 a"概念。对象 a 在拉康的三界之中都有所牵连。1955 年,代数符号 a 首度被拉康引入了他的 L 图式(Schema L),它在其中表示"小他者"(autre),与之相对的是"大他者"(大写的 A)。对象 a 代表着大他者的缺失,就此缺失的意义而言,不是说某一特定对象是缺失的,而是说这个对象即是缺失本身。拉康想要借此说明什么呢?严格地讲,欲望是没有对象的。欲望总是对于某种丢失之物的欲望,并因而总是涉及一种持续的对于缺失对象的寻找。经由主体与大他者之间的断裂,一个缺口就被开启在孩子的欲望与母亲的欲望之间。正是这个缺口开启了欲望的运动以及对象小 a 的出现。通过幻想,主体试图维持与大他者相融合的幻象,而根本无视于其自身的分裂。尽管大他者的欲望总是会超出或者逃离主体,然而仍旧残留着某种主体可以失而复得并以此来支撑其自身的东西。这个东西即是对象 a。

因此,对象 a 就不是我们丧失的对象,因为如此一来,我们便能够找到它并满足我们的欲望。相反,它是我们作为主体而具有的一种恒定的感觉,亦即感觉到某种东西是从我们的生活中缺失或者丢失的。我们总是在寻觅满足、寻求知识、追逐财富和渴望爱情,而每当我们达到了这些目标,就总是会存在着某种更为我们所欲望的东西;虽然我们无法相对准确地找到这个东西,但是我们却知道它就在那里。正是在这个意义上,我们可以把拉康的实在界理解为处在我们存在核心的空洞或深渊,它是我们不断试图去填补的东西。对象 a 既是空隙,也是缺口,而不管是什么对象在我们的象征现实中暂时性地填补了那一缺口。在此重要的是要记住:对象 a 并非这一对象本身,而是掩盖这一缺失的功能。正如帕维恩·亚当斯(Parveen Adams)写道的那样：

> 这个对象并非能指链的一部分；它是能指链上的一个
> "洞"。虽然它是处在表象领域里的一个洞，但是它却并不
> 完全毁灭表象。它修补表象，尽管它也毁灭表象。它既产
> 生了一个洞，又为了掩盖这个洞而来到了缺失的位置上。
>
> (1996a:151)

就像拉康的很多概念一样，欲望的悖论也在于它是回溯性运作
的。如同大写之物那样，从"客观上"讲，对象 a 什么都不是，或
者说它即是"无"（nothing）。只有相对于把它带来的欲望而言，
它才作为某种事物而存在。若是你们想一想自己的恋爱经历，
这便有助于你们来理解拉康的意思。在你最初坠入爱河的时
候，你会把他人理想化，并感到你们完美地在一起。这即是恋爱
的想象维度。但是，就"成双入对"并与另一缺失主体的交往而
言，同样存在着一个象征维度。然而，除此之外也还存在着某种
东西；你的新伴侣可能是一位美丽、聪慧且风趣的伟大舞蹈家，
但是那样一来，别人也可能如此。那么，又是什么使你的新伴侣
显得独一无二呢？在他们身上有着某种捉摸不透且触摸不到的
非常特别的东西，尽管你无法完全理解并把这个东西表达出来，
但是你却知道它的存在。这就是你为何会爱上他们的原因所
在。此即"对象 a"，亦即你的欲望的对象—原因。因而，对象 a
既是象征秩序围绕着它而被结构起来的空隙、豁口和缺失，又是
过来遮蔽或掩盖那一缺失的东西。"对象（a）即是构成一个对
象的那一过程的剩余物；它是逃脱了象征化之捕捉的残留物"
（Fink 1995:94）。换言之，对象 a 即是实在界的剩余物；它是逃

脱象征化并超出表象的东西。用拉康的话说，即是幻想界定了主体同对象 a 的"不可能"关系。

实在界的不可能性与享乐

正是实在界之为一种不可能相遇的这个意义，在 20 世纪
89 70 年代，支配着拉康教学的最后阶段。实际上，他越来越多地把精神分析的整个经验，都看作是围绕着这一不可能的创伤性相遇而转动的。在此期间，拉康作出了一个关键的区分：不是自我与主体、想象与象征或者异化与分离之间的区分，而是实在与现实之间的区分。拉康详细阐述了幻想之为现实的支撑，它被用来充当一种防御，以抵制实在界闯入我们的日常经验。拉康把这一过程称作"穿越幻想"（traversing the fantasy）。穿越幻想即涉及主体对于实在界创伤的主观化过程。换句话说，主体主动承担起了创伤性事件，并担负起了对于那一"享乐"（jouissance）的责任。在拉康那里，"jouissance"是一个极其复杂的概念，而且它在英文中无法直接翻译。尽管该术语通常都被译作"享乐"（enjoyment），但是正如我们即将看到的那样，它涉及的是一种快乐与痛苦的结合，或者更准确地说，是一种处在痛苦之中的快乐[1]。因此，"享乐"一词便表达了病人似乎在享受于其自身疾病或症状的这一悖论性情境。在法语中，该词也带有一些性的意味，从而联系着性的快感。然而，拉康通常就"享乐"提供的例子，却是宗教性或神秘性的"狂迷体验"（ecstatic experience）。

尽管早在 1953 年，拉康就曾使用过"jouissance"这一措辞，然而只是在 20 世纪 60 年代，当它被联系于冲动和实在界时，这

---

[1] 亦即：中文表达的"痛快"或者"苦中作乐"。——译者注

个术语才成为其著作之中的一个突出概念。在《超越快乐原则》(1984b［1920］)中,弗洛伊德曾被迫修正了他的早期冲动理论,该理论主张快乐原则的首要性,也就是说,该理论认为,我们作为人类存在的首要动机,在于快乐或欲望的实现。然而,临床经验却向弗洛伊德表明,主体强迫性地重复着过去的痛苦或创伤的体验,而这与快乐原则的首要性是直接矛盾的。弗洛伊德把这种超越快乐的东西称作"死亡冲动",同时他还指出生命的首要目的,即在于找到通向死亡的适当途径。拉康虽然遵循弗洛伊德把死亡冲动联系于重复,然而他却指出,我们并非是被驱向死亡,而是受死亡驱使的。正是丧失通过欲望在驱策着我们的人生,但是正如埃莉·拉格兰德-沙利文[1]所言,无论多么痛苦,人类都会勉强满足于任何经验,而不放弃象征界对于实在界的创伤与空洞的切入(1995:94)。拉格兰德-沙利文把"享乐"描述为"给我们的生命赋予其价值的本质或本性"(1995:88)。欲望是不断试图从一个能指移向另一能指而满足其自身的,与此相反,"享乐"则是绝对且确定的(别忘了,所有冲动的首要性和定义性特征,即在于压力的恒定性)。因而,拉康便把"享乐"同欲望对立起来,并指出欲望是在"享乐"的恒定性中寻求满足的。无论我们喜欢与否,象征界都由死亡冲动所支配。死亡即是超越快乐的、不可企及的或遭到禁止的东西——它是我们所无法克服的终极界限;而且这一终极界限也同样跟"享乐"具有某种关联。

90

1　埃莉·拉格兰德-沙利文(Ellie Ragland-Sullivan),国际知名拉康派学者,现任教于美国密苏里大学,主要研究拉康派精神分析与文学批评理论,著有《雅克·拉康与精神分析的哲学》(1985)、《论死亡的愉悦》(1995)以及《性化逻辑:从亚里士多德到拉康》(2004),另编有《拉康与语言的主体》(1991)和《拉康:拓扑学言说》等书。——译者注

　　然而,谈论"享乐"的困难却在于,我们其实无法说出它究竟为何物。更确切地说,我们是通过它的缺位或不足而体验到它的。作为主体,我们遭受着那些无法满足的欲望的驱使。随着我们试图去实现自己的欲望,我们便不可避免地会产生失望——因为我们所获得的满足永远都是不够的;我们总是会感到还有某种东西是我们所错失的,还有某种东西是我们所一直无法拥有的。"享乐"即是我们在贫乏的快乐之外所体验到的这个可以满足或实现我们欲望的更多的东西。虽然我们不知道它到底是什么,但是我们却假定它必然存在于那里,因为我们时常都是不满足的。正如芬克所言,最终"我们认为必定存在着某种更好的东西,我们声言必定存在着某种更好的东西,我们相信必定存在着某种更好的东西"(Fink 2002:35),如此以至于我们给它赋予了某种一致性,我们回溯性地把虚无(nothing)化作了存有(something)。此外,因为我们假定了它的存在是为我们所缺失的,所以我们通常都会将其归之于大他者。大他者被认为是在我们自身的经验之外体验着某种水平的享乐。然而,这里的重点却在于,这种经久不衰的"享乐"并不存在:

　　　它**坚持**(insists)作为一种理想、一种观念、一种可能性的思想而允许我们去设想。在术语学上[用拉康的话说],它"外在"(ex-sists);姑且可以说,它坚持不懈地让其主张带着某种坚持而从外部被感受到。这里的外部是就它并非一种愿望[欲望]的意义而言的。"让我们再把**那事**做上一次!"可是"难道你就没有其他的事情可做,难道你就不能尝试一下不同的事情?"

(Fink 2000:35)

这种相信大他者过度"享乐"的信念,是通过幻想而被维系下来
的。幻想是我们借由我们自身的"享乐"以及实在界的不可能
性,而使我们安于自身不满足的一种方式。通过幻想,我们便把
我们的社会现实,建构成了一种对于实在界之难以驾驭的应答。
正如你们将会认识到的那样,这也是我先前曾概述过的种族主
义和反犹主义的结构;我们假定大他者——他们是犹太人、黑
人、吉普赛人或同性恋者——从我们这里偷走的东西,恰恰就是
我们的"享乐"。在下一章里,我们将更加详尽地来考察有关
"享乐"的问题,并着眼于拉康在"男性"(masculine)享乐与"女
性"(feminine)享乐之间作出的区分,然而在此,我想首先就实
在界与对象 a 的概念,提供一种来自文化研究领域的应用。

91

罗兰·巴特的《明室》

《明室:摄影札记》是罗兰·巴特论及死亡和丧失的一部优
美而深刻的研究,而由于这部作品在巴特全集中占据的偶有位
置,使得这一点更显如此。此书写作于巴特的母亲死后和他自
己去世之前不久,是巴特的绝世之作,也因此作为巴特的临终遗
言而具有一种终结的意味。巴特令其最终言论产生的这种意
义,也受到了这则文本的风格所强化。《明室》的出现,在很大
程度上就如同是一部有关摄影"本质"(essence)的主体性沉思。
它是一种探索,一种内在的旅程,或者就像巴特说的,是一种旨
在发现"摄影'在其本质上'之为何物,以及它又凭借怎样的基
本特征而区别于形象之共性"的"本体论"欲望(1984[1980]:
3)。于是,《明室》便似乎舍弃了巴特早前在《叙事结构分析导
论》(*Introduction to the Structural Analysis of Narrative*, 1977a
[1966])中的那种旨在阐释文本结构的符号学企图,以及他被

联系于《文之悦》(*The Pleasure of Text*, 1990〔1973〕)的那种更加碎片化、更富趣味性且更具谵妄性的写作风格。鉴于该书写给萨特的献词及其之于"自在之物"的现象学强调,《明室》便似乎标志着一种对于起源的回归,亦即:回到巴特自己的现象学根基,并回到一种更加人文主义的文本研究方法。然而,在触及这样的一些说明时,我们不应当太过轻率或急切。《明室》的开篇写道:"有一天,那是很久以前的事情了,我偶然看到了拿破仑最小的弟弟的一张照片……"(1984〔1980〕:3)。因而,与其说它打从一开始就宣告自己是一部理论作品,倒不如说它是一部虚构作品。这篇文本中的"我",就像任何其他虚构文本中的"我"那样,是一种文本的建构,而不应被混淆于"真实"的罗兰·巴特。如果说《明室》具有作为巴特临终遗言的那种意义,那么我们就应当回想起来巴特毕生的工作,都在致力于表述这样一种观念,即:不可能有最终的言论。一旦文本进入了公众领域,正如巴特在《作者之死》(*The Death of the Author*, 1977b〔1968〕)中教导我们的那样,它的作者就不再是其意义的主宰。因此,我们就必须警惕于某种别的东西还继续发生在这则文本中的事实,与其说我们可以把《明室》看作一种有关摄影本质的理论,不如说我们可以把它视作一部"自传体小说"(Burgin 1986:88)。

92   知面与刺点

把巴特吸引到摄影上的事情,是那些特定的照片及其指涉物之间的关系;他写道,照片"其实就是指涉物的一种发散"(1984〔1980〕:80)。语言就其本身而言是虚构的,而照片则具有确定性和真实性的意味。因而,在巴特看来,一张特定的照片便永远也不可能被区分于它的指涉物。照片本身即携带着它的指涉物,或者换句话说,指涉物似乎就粘附在照片之上(或者如拉康所言,黏在它的脚后跟上)。巴特认为,这就是摄影的本质。凡是照片都具有两个必要的元素,他将其称作"知面"(studium)与"刺点"(punctum)。"知面"是由照片所唤起的一般文化兴趣领域。它是文化意义的共有或共同背景——亦即:无论我们是否喜欢一张特定的照片,这张照片都会在观者那里产生一种"平均"(average)的效果。另一方面,"刺点"则是一种更加私人化和个人性的体验;正是它标点了"知面"并唤起了我们之于照片的特殊兴趣。"刺点"就是在照片中吸引我们注意力的那一偶然的、意外的元素。如巴特所言,正是这种偶然的东西刺中了我,但也挫伤了我,切中了我的要害。如果说"知面"是指照片的一般整体感,那么"刺点"就是扰乱其光滑表面的细节。正是这个细节把我们的注意力吸引到了照片上,巴特将其比作一个"部分"对象。"刺点"具有某种延展性和换喻性的效力,因为它把我们从一个联想导向了下一个联想。就此而言,"刺点"也同样是回溯性地运作的。它不是某种可以被搬演到或放置到照片上的东西,而是我们一旦不再立于照片前面,就会回想起来的照片上面的那个细节。

哀悼实在界

《明室》相当明显地是一部有关哀悼的著作,然而其中那些反思的特定时机,却在于一张老照片的发现:

> [巴特写道]我在寻找我曾挚爱过的那张真实的面孔,而我找到了它。那是一张非常老旧的照片。由于被粘贴在

一簿相册里,它的棱角有些开裂,深褐色的油墨也已然褪色,从这张照片上只能勉强看出两个孩子,在一个四周用玻璃围住的温室里,这在那时叫作"冬季花园",他们并排站在一个小板凳的边上。我的母亲当时 5 岁(1898 年),她的哥哥 7 岁。

(1984 [1980]:67)

这张照片引发了一系列有关摄影、精神分析与生死的反思,然而,实际上,我们却从未看见过这张照片本身。换言之,《明室》是围绕着一个缺位的中心而结构的(Iversen 1994)。虽然这则文本不断地围绕着这一缺位而运转,并产生出一系列的替代照片来填补这一原始丧失所留下的空洞,但是我们却永远也无法回到那一原始的经验本身。这则文本从未产生出——的确它也永远无法产生出——巴特在寻找的"真相",即:自在之物或本质。在精神分析的意义上,这张印有她母亲的缺位的照片,便充当着一个丧失的对象的功能,因为它原本就从未存在过。巴特永远也不可能找回他曾深爱过的那张真实的面孔,因为它残留下来的一切表象,都只是那一不可能相遇的剩余物。

　　如此一来,巴特的论点(亦即:摄影的本质在于跟指涉物的关系)又被置于何处呢? 摄影的指涉物并非是其他符号系统的指涉物;它不是"一个形象或符号所指涉的那种'随意'(optionally)真实的事物,而是曾经被置于镜头前的那种'必然'(necessarily)真实的事物,倘若没有这个必然真实的事物,也就不会有照片了"(1984 [1980]:76)。与绘画或语言不同,摄影从来都不会否认它的过去,也从来都不会否认那个事物存在过,并且存在于相机的前面,然而,这种真实性却在照片本身形成的时刻丧失了。这恰恰就是摄影的真正本质——亦即它的"意向内容"或"意识对象"（noeme）[1]，换句话说，即是它的"曾经存在"（that-has-been）亦或它的难以驾驭。拉康的"实在界"即是对此的另一种称谓——在该术语的全部意义上说。在其《研讨班 XI》中，拉康告诉我们，精神分析在本质上就是与躲避我们的实在界的一场相遇（1979［1973］:53），而他用来描述这场相遇的术语即是"机遇"（tuché）[2]。巴特的文本就被这种相遇缠绕着——亦即:遭遇到摄影的"曾经存在"的本质，遭遇到实在界以及把握我们自身死亡的难以驾驭。这种"机遇"以创伤的形式表现出来，也就是说，它是主体不可能去承受并吸收的东西。正是这一创伤的概念，作为处在主体性中心的那一不可穿透的坚硬内核，构成了巴特的文本及其有关摄影本质的概念。正如维克多·伯金（Burgin 1986:86）所指出的，"创伤"源自希腊语中的"伤口"（τραυμα）一词;而它在拉丁文中的对应词即是"刺点"（punctum）。换句话说，巴特的细节，亦即那个刺中了我们、挫伤了我们并且打破了照片的"知面"（也即象征界）的东西，就是那种转瞬即逝的闪现，亦或是与作为对象小 a 的实在界的相遇。

94

1　巴特的"noeme"或许在字面上译作**所思**更为合适，然而该词却与胡塞尔在《纯粹现象学通论》中引入的"noema"保持了一定的关联，故而我在此将其译作"意向内容"或"意识对象"，以强调该词的现象学意涵。——译者注

2　拉康的"tuché"是援引自亚里士多德的希腊文术语，亚氏曾在《物理学》第二卷中以"自发"（automaton）和"机遇"（tuché）来讨论偶然性的因果律范畴。拉康在《研讨班 XI》中吸收了亚氏的这一区分，以"自发"来指涉能指网络的"重复自动性"，以"机遇"来指涉同实在界的"创伤性相遇"。——译者注

小　结

拉康的"实在界"概念属于他最迷人的概念之一。实在界这个范畴从早期的边缘地位逐渐发展成了拉康后期著作中的核心范畴。实在界即是抵抗象征化的事物,它是处在主体性与象征秩序中心的创伤性内核。实在界因而作为人类经验不可言说的终极界限,被联系于死亡冲动与享乐。享乐与欲望相反——它是我们对自己欲望的失败所体验到的那种不满——而正是经由幻想和对象小 a,主体才把它们维系在了这个不可能的剧本当中。通过这些概念,拉康彻底变革了精神分析的实践及其之于其他学科的内涵。现在,我们将转向拉康最后几年的研讨班之一,转向其理论中最具争议的领域之一,亦即:拉康有关性别差异的说明。

性别差异

最后,让我们来考虑一下在拉康派精神分析中无疑是最具争议且最有争论的领域,亦即:女性性欲(feminine sexuality)的概念化。拉康的那些煽动性的标语,诸如"女人不存在"与"根本没有性关系这样的东西"等,不但遭受了激愤与暴怒的对待,而且还经受了持久而剧烈的防御。拉康有关女性性欲的思想,是由两个主要阶段而划分开来的:首先,拉康关心的是在阳具的基础上来区分性别的差异,此时他针对弗洛伊德的思想进行了一项伟大的创新。对弗洛伊德而言,性别差异的问题是围绕着"阉割情结"(castration complex)而转动的,也就是说,围绕着某人是否"拥有"阴茎而转动的。另一方面,在拉康看来,阉割则是一个象征的过程,它所涉及的不是割掉某人的阴茎,而是切断某人的"享乐"并使其承认自身的缺失。为了体现这一缺失,主体具有两种可能的选择——即:"拥有"阳具亦或"成为"阳具(Adams 1966b)。根据拉康,男性特质(masculinity)涉及的是拥有阳具的姿态或主张,而女性特质(femininity)则涉及的是成为阳具的"乔装"(masquerade)。拉康思考女性性欲的第二阶段,源自于他晚年的一期研讨班,即其《研讨班XX:再来一次——论女性性欲、爱与知识的界限》(1972—1973),并涉及"性化的结构"(structures of sexuation)。在此后期阶段,拉康继续发展了他有关男性特质与女性特质的思想,作为结构,它们对于男女两性都是可以企及的,而无关乎我们的生物性,只不过现在决定男性结构与女性结构的是我们所能获得的"享乐"类型——拉康将其称作"阳具的享乐"(phallic jouissance)与"另外的享乐"[1](Other jouissance)。在下文中,我们将首先探究这些极具争议性的概念,最后,我们会以"典雅爱情"(courtly love)的诗意传统的形式来举一个例子,以说明拉康借由这些概念想要表达的是什么。

弗洛伊德与女性性欲之谜

虽然弗洛伊德把他关于俄狄浦斯情结和幼儿性欲的理论,都建立在男孩子的经验基础之上,但是起初他却以为,同样的过程也完全可以被转移到女孩子身上,只不过是以相反的方向。渐渐地,迫于他自己的临床经验及其同道们的研究发现,弗洛伊德才被迫承认这是站不住脚的立场。在此,有两个因素在起作用。首先,弗洛伊德认识到,在俄狄浦斯情结的最后阶段,亦即在其消退时期,问题的关键不是在于两性的生殖器官本身,而是在于男性生殖器——亦即阴茎——的在场或缺位。其次,弗洛伊德的一些追随者也开始更严密地考察幼儿生活中的前俄狄浦斯期(pre-Oedipal phase),他们特别看重母亲与孩子之间关系的

1　这一"另外的享乐"有时也被称作"大他者的享乐"。——译者注

重要性。弗洛伊德最终承认了前俄狄浦斯期这一早期发展阶段的重要性,可是这就意味着他不得不去更正自己有关俄狄浦斯情结的早期概念。在前俄狄浦斯期,两性的孩子都同样依恋于母亲,并把母亲当作原初爱的对象。然而,弗洛伊德却需要解释这样的一个问题,亦即:女孩子是如何从把自己的母亲当作爱的对象转向自己的父亲,从而开启俄狄浦斯情结的?

对男孩们而言,俄狄浦斯情结始终是相当直截了当的:他们起初把自己的母亲看作爱的对象,然而却慢慢地认识到,他们的母亲也是他们的父亲的爱的对象。于是,父亲就变成了一个同孩子争夺母亲的竞争者,而男孩子则害怕父亲会割掉自己的阴茎。男孩子是通过放弃把母亲当作爱的对象并认同于父亲来解决这一困境的。作为放弃母亲的补偿,男孩子将能够在未来拥有别的女人作为爱的对象。然而,对女孩们来说,俄狄浦斯情结却不得不导致女孩子首先放弃自己原初爱的对象(亦即母亲)的过程。因而,对女孩子而言,俄狄浦斯情结便会涉及一个额外的、更早的步骤。女孩子之所以会把自己的爱从母亲转向父亲,恰恰是因为她认识到了自己同母亲一样都不拥有阴茎,这一过程被弗洛伊德指称作"阴茎羡慕"(penis envy)。于是,母亲便从一个爱的对象,转变成了一个父亲情感的竞争者。女孩子起先会因为母亲没有阴茎而贬低母亲,尔后又因为自己没有阴茎而怨恨母亲。对于弗洛伊德而言,问题在于他当时完全无法解释为什么女孩子应当放弃把父亲当作爱的对象,并重新认同于母亲。

对男孩子而言,阉割情结即标志着俄狄浦斯情结的结束与消解,也就是说,男孩子放弃把他者(母亲)作为爱的对象。另一方面,对女孩子来说,却是阉割情结导致了俄狄浦斯情结,而

且在俄狄浦斯情结上也没有一种令人满意的解决。女孩子必须
接受自己没有阴茎的事实,以便把她的欲望转移到自己的父亲
那里,但在这样做时,除非是有某种补偿,否则她是无法接受这
一丧失的。弗洛伊德曾经推断说,这种补偿采取了想要从父亲
那里得到一个孩子的形式,并且女性俄狄浦斯情结也不是以阉
割威胁而告终,而是以想要从父亲那里得到一个孩子的礼物的
欲望而告终的。因而,女孩子从来都没有彻底地解决自己的俄
狄浦斯情结,因为她们从来都无法完全地放弃把他者当作爱的
对象。正如我们可能看到的那样,相比于男孩子而言,俄狄浦斯
情结对于女孩子来说是一件复杂得多的事情,而且作为一个概
念,它也是深深令人不满的。

　　弗洛伊德有关女性俄狄浦斯情结的思考导致他去探索女性
性欲的本质,然而他的探索却只是引起了一系列没有答案的问
题。直至他生命的最后,弗洛伊德仍旧被女性性欲之谜困惑着。
他曾把女性特质描述为一片"黑暗大陆",而且从未就"女人想
要什么?"这一问题作出解答。在 20 世纪 20 年代,精神分析未
能充分地解释女性性欲的发展,从而引发了所谓的关于女性性
欲的第一次大论战。这场论战是由欧内斯特·琼斯(Ernest
Jones,1879—1958:弗洛伊德最亲密的伙伴之一)的一篇论文挑
起的,他的这篇论文引起了当时很多最杰出的女性精神分析学

家的回应,其中包括卡伦·霍妮[1]、梅兰妮·克莱因[2]和乔安·里维尔[3](关于这场论战的记述,参见:朱丽叶·米切尔[4]的《女性性欲》导论[Michelle & Rose,1982])。拉康有关女性性欲的著述,即是 20 世纪二三十年代的这些论战的继续发酵,并随后引发了 20 世纪七八十年代的"第二次大论战"(见:Brennan,1989)。

拥有阳具亦或成为阳具?

98

女性主义对于精神分析的批评,均聚焦在弗洛伊德思想线索的两个特殊问题之上。首先,女性主义者们认为精神分析是在传播某种形式的生物学本质主义,因为从某种意义上说,正是我们的解剖学——无论我们有阴茎与否——决定了我们的性别同一性。实际上,这在很大程度上都是真实的。例如,玛丽·波拿巴(Marie Bonaparte,1882—1962)甚至于曾指出"生物学即命

---

1 卡伦·霍妮(Karen Horney,1885—1952),德国精神分析家,晚年居于美国,其理论一反弗洛伊德主义之传统,尤其是把性别差异定位在社会文化的层面,且因不满于弗洛伊德的"阴茎羡慕"说而创造出一套"女性心理学"。主要著作有《神经症与人的成长》、《我们内心的冲突》、《我们时代的神经症人格》、《精神分析的新方法》与《女性心理学》等。——译者注

2 梅兰妮·克莱因(Melanie Klein,1882—1960),奥地利精神分析学家,儿童精神分析研究先驱,对象关系学派的主要发起人,继弗洛伊德之后最伟大的精神分析思想家之一,其思想在儿童心理学和当代精神分析乃至心理治疗的领域均产生着广泛而深远的影响,其著作被收录于四卷本《梅兰妮·克莱因文集》。——译者注

3 乔安·里维尔(Joan Riviere,1883—1962),英国精神分析学家,早年翻译过弗洛伊德的著作,在精神分析运动的早期发展中曾产生过不可磨灭的影响,主要论著有《论幼儿早期的精神冲突之起源》、《嫉妒之为一种防御机制》、《女人味之为一种乔装》以及《对消极治疗反应的分析的贡献》等。——译者注

4 朱丽叶·米切尔(Juliet Mitchell,1940 年生),英国精神分析学家、社会学家、女性主义者,主要著作有《精神分析与女性主义》,另主编有《女性性欲:雅克·拉康与弗洛伊德学派》。——译者注

运"（biology is destiny），琼斯也曾企图修正弗洛伊德的"阳具中心主义"（phallocentrism），然而，波拿巴同霍妮却悖论性地导致了那些更加决定论和本质论的性欲发展理论。女性主义提出的第二点批评，即在于精神分析总是相对于男人而给女人以消极的定义。对弗洛伊德而言，男人被看作是主动性的力量，而女人则是根据被动性来界定的。到了20世纪60年代至70年代初，这两点批评即被稳固地确立了下来，并在女性主义阵营之中得到了广泛的接受（见：凯特·米利特[1]的经典女性主义文本《性别政治》（*Sexual Politics*，1977［1969］）对于这些批评的清晰描述），因此，精神分析有关性别差异的解释，便被迫转向了把性别作为一种社会性建构来加以研究。正是在这样的背景之下，拉康有关性别差异的那些特异性的阐述才得以被人们所接受。拉康坚持认为，凡是那些涉及某种稳固同一性的概念，都是一种虚构而非生物学的给定，正是他的此种立场被看作是给女性主义者们提供了一种非本质主义的精神分析的性别差异理论的可能性。

从一种拉康派的观点来看，无意识即削弱了任何稳定或固定的同一性，当然也包括一种稳定的性别同一性。对于早期的拉康而言，性别差异不是一个生物学的问题，而是一个意指（signification）的问题；男性特质与女性特质均不是解剖学的给定，而是通过它们与阳具能指的关系而规定的主体位置。正如我们先前看到的那样，对拉康而言，阳具是一个能指，尽管它被联系于阴茎，但却并不直接等同于阴茎，就像杰奎琳·罗斯所指出的，阳具作为能指的重要性恰恰在于"它在人类性欲发展中的

---

[1] 凯特·米利特（Kate Millet，1934年生），美国著名女性主义者、艺术家，其激进思想对第二波女性主义浪潮产生了奠基性的影响，以其女性主义思想代表作《性别政治》而闻名。——译者注

地位是自然无法对其作出解释的某种东西"（Rose 1966a：63）。
阳具是缺失的能指。阳具首先是作为一个想象的对象——这个
对象被假定来满足母亲的欲望——而运作的。继而，它便在象
征的层面上运作，由于认识到欲望是无法满足的，而且作为一个
对象，它也终将是不可企及的。正是母亲与孩子之间的这一想
象统一性的断裂，开启了欲望的运动，并同时开启了意指的过
程。在这个意义上，阳具对于男孩子和女孩子而言都代表着缺
失，因为两性都遭受到了象征性的阉割。在拉康看来，阉割是一
个截然不同于弗洛伊德所描述的过程，对于两性而言，它都涉及
一种根本性的丧失，也就是说，涉及放弃我们的某些部分的"享
乐"。为了作为欲望的主体而存在，我们便被迫去承认完全实
现我们自身"享乐"的不可能性。阉割即命名了这一根本性的
丧失，而阳具则是对此的能指。如果我们不想混淆这些术语，而
更重要的是，如果我们不想把它们混淆于实际的身体器官，那么
我们需要在此谨记的就是："享乐"被联系于冲动与实在界，而
阳具则是一个能指，并被联系于象征界。因此，男性与女性阉割
情结之间的"差异"，就在于主体如何来表现这一原始的缺失或
丧失，而且正是在这里，彰显出了俄狄浦斯情结的不对称性。男
孩子可以"假装"是"拥有"（have）阳具的，而女孩子则必须"成
为"（be）阳具。这意味着什么呢？拥有阳具和成为阳具代表着
掩盖这一原初缺失的两种认同模式。通过俄狄浦斯情结，男孩
子认识到了母亲的欲望与缺失。于是，他们便把母亲欲望的对
象与父亲等同起来，同时假定父亲拥有阳具。简而言之，男孩子
从把母亲当作缺失的他者转向把父亲当作阳具的持有者。因
而，男孩子便"假装"（pretend）拥有大他者（女人）欲望的对象。
然而，这只是一种"假装"，因为他们原本就从未拥有过阳具；阳

99

具总是在别的地方。

另一方面,女人则不得不经历一个复杂得多的过程,在她们能够认同于母亲,并因而能够成为大他者(男人)欲望的对象之前,她们必须放弃自己"拥有"阳具的观念。女人必须放弃掉她们自己身上的一个基本部分,以便"成为"阳具。拉康把该过程联系于"乔装"(masquerade)的概念:

> 虽然这种表述可能看似是自相矛盾的,但是我们还是要说,正是为了成为阳具,也就是说,成为大他者欲望的能指,女人才要拒绝女性特质中的一个基本部分,亦即她在乔装中的所有属性。她想要成为这个她所不是的东西来被欲望同时被爱。
>
> (Lacan 1977d [1958]:289-90)

100 正是通过"乔装",一个女人的"没有"阳具才被转化成了"成为"阳具。

女性特质之为乔装

拉康根据乔安·里维尔(Joan Riviere)的论文《女人味之为乔装》(Womanliness as Masquerade, 1986 [1929])而发展出"乔装"的概念。这篇论文是针对欧内斯特·琼斯题为《女性性欲的早期发展》(Early Development of Female Sexuality, 1927)的一篇早期论文的回应。琼斯区分了女性性欲发展的两种类型,即:所谓"正常的"异性恋发展(heterosexual development)与同性恋发展(homosexual development),后者也即那些试图为其男性特质寻求男性承认的女人。里维尔关心的是把一种新型的女人引入到精神分析对于女性特质的思考之中——这种特殊的人格类型,相比于弗洛伊德或琼斯先前所设想的那些女性特质,更能与当代的女人产生共鸣,即"知性的女人"(intellectual woman)。对里维尔而言,这种新型的女人引起了一个困难的问题,亦即如何处理她们在男人们身上所唤起的焦虑。这些渴求"男性"职业或追求知识的女人,在她们希望与之共事并合作的那些男人们身上激起了深深的焦虑与恐惧。因此,"这些渴望得到男性特征的女人,便可能会戴上一副充满女人味的面具,以便避免男人出于焦虑与恐惧的报复"(Riviere 1986〔1929〕:35)。然而,里维尔提出的这种观点(亦即:女人味如同戴上一副面具那样)却显得是具有一个更加宽泛的意义,而不仅限于知性女人的情形。她写道,女人味"可以如同一副面具那样被穿戴起来,以便隐藏自己所拥有的男性特质,而同时又避免当自己被发现拥有男性特质的时候所可能招致的报复"(1986〔1929〕:38)。不过,倘若我们要询问是什么区分了真正的女人味与作为乔装的女人味,那么它们就显得是同一回事了。阿壁娜妮西与弗雷斯特写道,里维尔的根本立场就在于"对她来说,假面与本质是女人味所涉的同一个东西"(Appignanesi & Forrester 1993:363)。

里维尔把乔装的概念看作是对于女性性欲发展理论的一个重要的贡献,并认定它在女性俄狄浦斯情结之中运作。此外,她还指出,母亲与父亲不仅都是小女孩的竞争者,而且还都是其施虐暴怒(sadistic fury)的对象:

在这种骇人听闻的危险境地之中,女孩的唯一安全性就在于安抚母亲(跟母亲和解)并抵偿她的罪行(即母亲毁坏了女人的身体)。她必须撤回同母亲的竞争,并竭尽所

能地试图向她归还自己所偷走的东西。正如我们所知道的
那样,她把自己认同于她的父亲;并继而使用她由此获得的
男性特质去为母亲服务。她变成了父亲并占据了他的位
置;如此她便能够把他"归还"给母亲。

(1986〔1929〕:41)

然而,父亲也必须得到慰藉与安抚,而这只能通过为他乔装成女
性的样子来实现,也即通过向父亲展示她对他的"爱"与她的清
白来实现。根据里维尔的观点,小女孩于是被捕获在安抚其母
亲与安抚其父亲之间的两难困境(double bind)[1]之中,然而这
决非意味着一种对称的关系:"防止自己受到女人报复的任务,
要比跟男人在一起困难得多;她通过归还阴茎并用其为母亲服
务来进行抚慰和修复的努力是永远都不够的"(1986〔1929〕:
42)。于是,根据女人的同一性与性欲的发展,她必须首先认同
于父亲,只是在之后才认同于母亲。因此,对于女人而言,问题
就不在于她们是否戴上了女性特质的面具,而在于这面具是如
何合身的(how well it fits)。总之,女性特质即是乔装(femininity
is masquerade)。

关于女性性欲,里维尔的"乔装"概念提出了一些重要的难
题。戴上面具即意味着有某种东西被隐藏在面具的后面。换言
之,在乔装的诡计背后存在着真正的、真实的女人。然而,在里
维尔看来,女性性欲的现象和本质实则是同一个东西。拉康详
细阐述的正是这一困境,即:真正的女人味与乔装的归并。拉康
从乔装的概念中看出了典型的"女性的性态度",也就是说,正

---

1 在英文中,"double bind"通常表示进退维谷的两难困境,而在心理学上则特指
   父母对子女的双重约束。——译者注

是这幅面具或面纱"构成了女性的力比多结构"(Heath 1986：52)。换句话说,"乔装是一种女性特质的表象,但继而女性特质却成了表象,成了女人的表象"(Heath 1986：53)。"乔装"概念强调的不是女人的"本质"同一性(essential identity),而是女人同一性的"被建构"本质(constructed nature)："乔装即表明女人是存在的,但是作为乔装,它同时又表明女人是不存在的"(Heath 1986：54)。

女人不存在

102

"女人不存在"(Lacan 1998［1975］：7)亦或女人"并非全部"(not-whole)的观念,常常被看作是拉康有关女性性欲的最无礼的阐述,但是,与阳具的概念一样,这种解读也是基于对拉康的一种根本性误读。正如阳具是一个"空"的能指——它是一个缺失的能指,并且没有确定的内容——"女人"这个符号也没有任何确定的或经验的所指。"女人"这个符号并不指涉任何女人的普遍范畴。因此,诉诸于把女人看作是一个同质性群体的概念,也就是诉诸于一种想象的并因而是虚幻的同一性。此外,当拉康谈及"存在"的时候,他指涉的即是处在象征界层面上的某种东西。倘若女人要存在,那么她就必须存在于象征界的层面上,而这一点具有很多的意味。首先,由于象征界在定义上是阳具化的,因而它便会使女性特质居于阳具的下位,例如弗洛伊德就把女性特质看作是由"没有阴茎"来定义的。其次,它可能意味着女性特质全然是一种没有层次的构造,而且性别同一性也完全是被社会性地——亦即象征性地——建构起来的。然而,拉康却"开启了某种东西——亦即一种女性的'享乐'——存在的可能性,这种享乐是在经验中无法定位的,并因而无法被说成是存在于象征秩序的"(Copjec 1994a:244)。说女人是"并非全部"的,并不是说她在某种程度上是不完整的,亦或缺乏某种男人所拥有的东西,而是说她"被界定为是并非全部遭受限制的。一个女人并非是以同男人一样的方式而遭受分裂的;她并不完全通过异化而受到象征秩序的支配"(Fink 1995:107)。拉康以一种相当错综复杂的双重否定来对此进行表述,从而引起了人们对女人之为"并非全部"的很多误解:

> 整个重点就在于此,她拥有很多不同的方式来处理那根阳具,来为自己把它保存下来。不是因为她并不完全(not-wholly)处于阳具的功能,所以她才完全不在那里。她**并非**完全不在那里(she is not not at all there)。她全然在那里。但是还存在着某种更多的东西。
>
> (1998 [1975]:74)

恰恰因为女人并不存在,因为她是"并非全部"的,她才比男人更接近某种"更多"(encore)的东西。

103　《再来一次》:性化理论

在拉康早期有关性别差异的论述中,他把弗洛伊德之于阉割与阴茎羡慕的理解转换到作为一个缺失的能指的阳具之上,并试图以此来使精神分析摆脱其本质主义与标准的、异性恋的偏见。虽然乔装的概念在分析女人的表象方面是非常富有成效的(见:"拉康之后"),但是在女性的欲望方面,它却仍旧留下了一些未经回答的问题。在 1972—1973 年的研讨班《再来一次》(Encore)中,拉康又重新回到了这个问题上——关于女性的欲望,我们可以说些什么呢? 在该期研讨班上,拉康进一步发展了他的这样一种观念,即:男性特质与女性特质并非生物学上的给定,而是指派了男人和女人都可以达到的两种"性化"(sexed)的主体位置。此期研讨班的重点在于,男性特质与女性特质并非是完全相对于阳具,而是通过主体在每个位置上可以获得的"享乐"类型来定义的。因此,性别差异就并非是被确定为两种分立性别之间的差异,而是被确定为我们相对于"享乐"的位置的一种结果。

《再来一次》通常被解读作拉康有关女性性欲的最终阐述,然而这只是一部分的事实。在爱与"享乐"的本质以及知识的界限等问题上,《研讨班XX》提供了一种广泛的反思。性别差异在这里之所以重要,是因为从一种精神分析的视野来看,它是知识的终极界限。性别差异既不可被归于自然,也不可被归于文化,而是出现在它们之间的交界点上。这并不意味着性别同一性是自然(生物性)元素与文化(能指性)元素的总和,而是相反意味着它恰恰被排除在了自然与文化的结合之外。拉康在此想说的是,凡是结构——无论是主体的结构还是象征的结构——都必然是不完整的;总是存在着某个偶然的元素被排除在外,亦即某种规则的例外。因而,《研讨班XX》就应当被解读作拉康在《研讨班XI》中所提出的计划之延续,当时他开始详细阐述了对象小 a 之为实在界的剩余的概念。正如我们将要看到的那样,《再来一次》也是《研讨班VII》以及拉康在其中所引入的有关典雅爱情的讨论之延续。在后期的拉康那里,冲动被渐渐地联系于例外和界限;正是冲动这个概念,意味着主体并非全部由象征界所决定,并标志着能指在主体之上的界限。同样,冲动也是性欲在其上演出的地带。

104   男性特质

正如我们在这部导论里通篇看到的那样,精神分析的教训,亦或我们可以将其称作精神分析的悲剧,即在于主体是天生分裂的,并且是永远无法满足的。此外,我们的知识也总是受限于我们称之为无意识的那种未知的事物。作为主体,我们因为焦虑我们的"享乐"——我们的快乐或愉悦——永远不够而苦恼。换句话说,我们被一种内在的不满或不足感所驱策。我们会不断地产生这样一种感觉,觉得还有某种更多的东西;虽然我们不知道那是什么,但是我们却感到它就在那里,而且正是我们想要得到的。正是这个东西被芬克称之为"微不足道"(paltry)的享乐(Fink 2002:36),也正是此种形式的享乐被拉康鉴别为阳具的享乐(phallic jouissance)。"阳具的享乐是使我们失败、使我们失望的享乐。它易受失败的影响,并且从根本上错失了我们的伴侣"(Fink 2002:37)。

阳具的享乐是我们中间的大多数人在大部分时间都体验着的那种形式的享乐;也就是说,即便在我们自以为占有我们欲望的对象时——无论它是另一个人,一种新的占有物,甚或是我们一直在努力去把握的一种困难的概念——我们都仍然是不满足的;我们感到失望,感到我们的欲望并未得到充分的满足。这种总会留下某种欠缺之物的(不)满足感,恰恰就是拉康将其称之为阳具的享乐并以此来定义男性结构的东西。一个男性结构的特征,即在于把大他者转变成一个对象 a,并错误地以为那个对象可以充分满足我们的欲望。可是,我们必须在此谨记的是,阳具的享乐并非是男性的,并不是说只有男人才能体验到它;男人和女人都能够体验到它,而单就其特征在于失败而言,它才被界定为阳具性的。

女性特质

另一方面,一个女性结构则是根据与大他者和享乐的一种不同的关系来定义的——拉康把这种享乐称作"另外的享乐"(Other jouissance)。然而,谈及这一另外享乐的问题却在于它是无法被言说的。言语联系着象征秩序,并因此是阳具性的。如果我们可以谈论这一另外的"享乐",那么根据定义,它就是"阳具性"(phallic)的,因为象征秩序即是阳具性的。另外的享乐恰恰是我们可以体验到却无法说出来的某种东西,并因而是不可能去定义的。可是,这么说显然不会让我们在一部拉康导读中走得太远,所以关于这种特殊形式的"享乐",让我们试着说些我们可以说的东西。芬克指出"另外的享乐"的概念在拉康那里是相当歧义性的,并就此提供了很多可能的解读:它可以表示"大他者从我们这里得到的享乐",也可以表示"我们对于大他者的享乐",还可以表示"我们作为大他者的享乐"(Fink 2002:38)。这些全都是有关拉康这一措辞的可能解读。然而,芬克也仍然不清楚为什么这一另外的"享乐"应当被界定为女性的享乐(Fink 2002:40)。

在《研讨班 XX》中有关另外的享乐的最著名的例子,就是由意大利的巴洛克风格雕塑家洛伦佐·贝尔尼尼(Lorenzo Bernini, 1598—1680)所创作的雕像"圣特蕾莎的狂迷"(The Ecstasy of Saint Teresa)。这座雕像表现的是圣特蕾莎修女被她上方泰然自若的天使用箭刺中而在狂迷中昏厥过去的情形。对此,拉康评论道:

> 至于圣特蕾莎——你们只需去罗马看看贝尔尼尼的雕塑,就会立即明白她在享乐,这是毫无疑问的。她在享乐什

么呢？显然,那些神秘主义者的基本证言,就恰恰在于声称他们体验到了它,但却对它一无所知。

(1998〔1975〕:76)

这种不可言说的狂迷体验,即被拉康称作是另外的或女性的"享乐"。这个另外的"享乐"的概念,被看作是标志着在弗洛伊德式阳具中心主义上的一个进步,因为另外的享乐"超出"了阳具的享乐;它超越了象征界与主体,并因此是"处在无意识之外的"(Soler 2002:107)。男人和女人都可以体验到阳具的享乐或另外的享乐,而界定一个人是否具有一个男性或女性结构的,也正是其所体验到的"享乐"类型。然而,根据拉康,在男人与女人之间却存在着一个关键性的差异,也即:女人可以同时体验到两种形式的享乐,而男人则只能体验到其中的一种,要么是阳具的享乐,要么是另外的享乐(见:Fink 2002:40-41)。对拉康而言,并不是说女人是相对于男人而被消极地定义的;一个女人并非男人,也并非因此而欠缺某种男人所拥有的东西——亦即:阴茎。相反,与男人相比,女人更能企及某种更多的东西——亦即:剩余享乐(surplus jouissance)。

106　根本没有性关系这样的东西

在转向典雅爱情的例子之前,让我们先来说一说拉康有关性欲的一则最有违常理的诽谤性言论:"根本没有性关系这样的东西"(there is no such thing as a sexual relationship)。人们通常都会像理解美国前总统比尔·克林顿(Bill Clinton)同样诽谤性的言论——克林顿说他跟莫妮卡·莱温斯基(Monica Lewein-sky)"没有性关系",这一言论几乎使他的总统职务不保——那样来理解拉康的这一表述,我要补充说这是一种不正确的理解。比尔·克林顿在这一语境下采用"性关系"这个措辞,是为了在一种完全有限的字面意义上把它用于生殖器性交,从而——对他来说是幸运地——排除掉任何其他形式的性行为。拉康并非是在这个意义上来讨论性关系的,他并不是在暗示说人们相互之间不发生性关系,无论是何种形式的性关系。拉康指涉的是一种比这更加根本的关系——也即:在两个人之间产生完美性结合的不可能性。或许,我们如今所拥有的最普遍的文化性幻想之一,就在于找到我们完美的伴侣,就在于跟我们的"另一半"发生一种完全和谐与满足性欲的关系。实际上,当代很多心理治疗都受到了这样一种欲望的驱使,想要在家庭内部、在人际之间且尤其在两性之间达到和谐与平衡。在拉康看来,这是一种有害的幻想,而精神分析的角色即在于揭示出这种和谐关系是根本不可能的。恰恰是因为男性特质与女性特质代表了两种非互补性的结构——这些结构是通过主体与大他者的不同关系来界定的——所以才根本不可能有性关系这样的事情。在任何关系中,我们所做的,要么是试图把他者变成我们以为自己在欲望的对象,要么是试图把自己变成我们以为他者在欲望的对象,但是这永远无法映射到他者的欲望之上。换句话说,"男性主体与女性主体的主要问题,即在于他们并不关系到他们的伴侣在他们身上关系到的东西"(Salecl 2002:93)。从某种意义上说,我们总是会错失我们企图在他者身上获得的东西,同时我们的欲望也总是不满足的。正如拉康所言,我们永远不可能变成"一"。正是男性特质与女性特质——相对于阳具和对象 a 而言——的这种不对称性,意味着根本不可能有性关系这样的事情。至少,根据拉康的说法,男性与女性的享乐类型是"不可调

和"(irreconcilable)的。关于女人的不存在以及性关系的失败，
拉康从文学中获取了一个例子——也即：典雅爱情诗歌的中世
纪传统——现在，就让我们用这个例子来结束本章的讨论。

典雅爱情

典雅爱情(courtly love)是在 11 世纪末至 12 世纪初于法国
南部普罗旺斯发展起来，尔后在中世纪传遍整个欧洲的一种抒
情诗歌的传统。它体现着一套完整的爱情哲学，并且代表着一
套精密的行为准则，这套爱情哲学与行为准则支配着"贵族"恋
人之间的关系，同时把爱情中更具肉欲性和情欲性的方面，变成
了一种精神性的体验和最高尚的激情。典雅爱情的有情人
(lover)既理想化了他的心上人(beloved)，又受到他心上人的理
想化，他使自己完全臣服于她的欲望。然而，在典雅爱情的结构
中，却存在着一种固有的不可能性阻碍着爱情的实现。随着典
雅爱情的发展，它常常需要有一位单身骑士跟一位已婚女士之
间的爱情。对此，在英国文学中最著名的例子，就是《亚瑟王与
圆桌骑士》中的兰斯洛特(Lancelot)跟格尼薇儿(Guinevere)之
间的爱情。这场爱情无法在身体的意义上来实现，因为如果那
样的话，灾难与死亡就会接踵而至。因此，典雅爱情即涉及一些
无法实现爱情的挣扎，但是有情人却仍旧忠实于他的心上人，始
终至死不渝地遵守着这套行为准则，并以此来表现他的荣耀与
坚定。

在这些骑士传奇中，拉康感兴趣的首先是其象征的一面。
典雅爱情是"一种诗意的活动，是玩味许多约定俗成的理想化
主题的一种方式，它不可能具有任何实在的具体等价物"(1992
[1986]:148)。然而，这些象征性的习俗却有着一些实在的具

体效果,甚至继续在组织着"当代男人的情感依附"(1992
[1986]:148)。这其中首要的即是"贵妇人",她是一个被难以
置信地理想化的人物,对于这个人物,没有任何实在的等价物存
在。拉康写道:

> 这个有关的对象,亦即女性的对象,是通过剥夺之门或
> 无法进入之门而被足够奇怪地引入的。无论他在这个角色
> 中所发挥的社会地位如何,这个对象的不可企及都被作为
> 一个起点而安置了下来。
>
> (1992[1968]:149)

这个贵妇人即是"对象 *a*"(或者"大写之物",拉康在此期研讨
班上就是这样称呼它的)——正是这个引起欲望的不可能的对
象开启了欲望的运动本身。于是,关键就在于她非但是不可企
及的,而且还是原本就从未存在过的;她是一个被理想化了的形
象,对于这个形象而言,是没有任何实在等价物的。在《快感大
转移》(*The Metastases of Enjoyment*)一书中,齐泽克指出,拉康在
此关心的并不是把贵妇人提升到一个"崇高"的精神化对象的
地位上;相反,她是一个"抽象的人物"——亦即"一个冷酷的、
疏远的、非人的伴侣",就像是一部自动装置或一架机器那样运
转:"这个贵妇人离任何纯粹的精神性要多远有多远;在同我们
的需要和欲望完全不可比拟的那种根本相异性的意义上,她起
着一种非人伴侣的作用"(Žižek 1994:90)。

如果典雅爱情中的贵妇人可以被说成是充当着一面镜子,
让男性有情人可以在上面投射自己的理想化的形象和幻想,那
么这就只有当这面镜子已经存在的情况下才能发生。这个表

108

面,亦即贵妇人,"作为现实之中的一个黑洞而发挥着某种界限的作用,它的彼在是无可企及的"(Žižek 1994:91)。换句话说,她恰好就是那种我们无论如何都无法与之发生共情性关系(empathetic relationship)的人物。她是拉康将其命名为大写之物或实在界的那种创伤相异性(traumatic Otherness)。

正是典雅爱情的这一结构,在继续与当代的观众产生共鸣,齐泽克就此给出了一个例子,也即尼尔·乔丹[1] 1993 年的影片《哭泣游戏》(The Crying Game)。《哭泣游戏》以逃到伦敦的爱尔兰共和军成员费格斯(Fergus)和美丽的理发师迪尔(Dil)之间的"爱情"事件为中心,虽然费格斯爱上了迪尔,但是她却"向他保持着一种暧昧的、嘲讽的、高贵的距离"(Žižek 1994:103)。最终,迪尔向费格斯的攻势屈服了,可是在他们做爱之前,迪尔却退到另一间房里换上了一件半透明的睡衣。随着摄影机缓慢地跟随费格斯的目光并贪婪地顺着迪尔的身体往下移动,在最近的电影院中最令人震惊的一个时刻上,我们竟突然看到了"她的"阴茎。迪尔是一个异装癖者。费格斯在厌恶之下推开了她并呕吐起来。在这场失败的性遭遇之后,他们的关系即被颠倒了过来,迪尔变得着了魔似的爱上了费格斯,而他则向她保持着距离。因此,我们在这里看到的,恰恰就是拉康所描述的存在于所有性关系之中的那种不对称性,亦即存在于"有情人在心上人身上看到的东西与心上人知道自己所是的东西"(1994:103)之间的那种不对称性。根据拉康,这就是所有性关系都无法逃脱的僵局。迪尔对费格斯的爱是如此的绝对与无条件,以

1　尼尔·乔丹(Neil Jordan,1950 年生),爱尔兰电影导演兼编剧,以其电影《哭泣游戏》获得奥斯卡最佳原创剧本奖,其他代表作有电影《突尼斯之夜》、《夜访吸血鬼》、《豪情本色》与《爱到尽头》等。——译者注

至于费格斯慢慢地克服了自己对她的反感。由于爱尔兰共和军
（IRA）试图把费格斯拉回到其行动中来,迪尔便开枪射杀了费
格斯的前任恋人——IRA 特工裘德(Jude)。费格斯承担了这次
谋杀的责任并被关进了监狱。这部影片结束于迪尔去监狱探望
费格斯,她再度穿得像是一位极具挑逗性的诱惑的女人。只是
现在,他们被拒绝他们产生任何身体接触的玻璃隔板分离了开
来。对齐泽克而言,这个情节恰好就概括了性关系的不可能性。

109

小　结

　　性别差异问题或许是拉康理论中最为复杂且最有争议
的领域。拉康围绕性别差异的思想,可以被划分成两个主要
时期。第一时期是相对于阳具来定义性别差异的:男性特质
是根据拥有阳具来定义的,而女性特质则是根据成为阳具来
定义的。有关这种立场的重点在于,阳具是一种"诡计"
(fraud);男人无法拥有阳具,正如女人无法成为阳具。在拉
康著作的第二时期,他则更多地集中于男性特质与女性特
质,把它们看作是同时向男人和女人开放的结构。在这个意
义上,他走出了早期理论中的"阳具中心主义",并明确地试
图去说明女人的欲望。因而,在拉康晚年,男性特质与女性
特质是相对于人们所能获得的享乐类型来定义的。男性特
质是通过一种总是失败的阳具享乐来定义的,而女性特质则
是通过进入一种超越阳具享乐的另外(Other)的不可言说的
享乐来定义的。在"拉康之后"中,我们将会看到这些思想
是如何在女性主义和女性研究中被采纳的,以及针对这些思
想的大量批评。

　　到 20 世纪 70 年代末，精神分析的理论在很大程度上已于大学之中声名狼藉。精神分析尤其因为它的还原论（reduction-ism）而备受批评，亦即：把所有的社会文化现象都还原为心理—性欲的解释。然而，无论别人怎么看待拉康和他的影响，其"回到弗洛伊德"的力量，都一直在使我们以一些全新的和创新的方式去重新审视无意识与文化之间乃至精神与社会之间的关系。现在，我们将简略地探究一些受到拉康启发的研究领域中的最重要的著作，首先是社会理论与女性主义的领域，其次是文学批评与电影研究的领域。

社会理论

　　1964 年，阿尔都塞发表了一篇题为《弗洛伊德与拉康》（见：Althusser 1984a）的开拓性论文。这篇论文终结了在"正统"马克思主义圈子里有关精神分析的数十年沉默，从而标志着现代精神分析思想被承认对思考政治、意识形态与主体性等方面发挥着一定的作用。根据阿尔都塞的说法,马克思主义与精神分析在一个特殊的问题上,亦即在一种特殊的"误认结构"(structure of mis-recognition)上汇聚了起来。对于马克思主义而言,这是对于个体创造历史的误认;对于精神分析而言,则是主体将其自身误认作居于中心的自主的自我。在阿尔都塞看来,这两个误认时刻之间的关键枢纽,即是意识形态(1984b〔1971〕)。

马克思主义中先前有关意识形态的设想,不是把它看作"虚假意识"(false consciousness),就是把它视为"阶级从属"(class affiliation)。然而,阿尔都塞却以为意识形态与意识的问题无关。实际上,意识形态是深层"无意识"的,这是从如下意义上来说的:当我们将其承认作意识形态的时候,它便停止了运作。意识形态不是一套思想集合,或者一套信念系统;也不是用来教化主体的一套政治程序。相反,意识形态是一套"表象系统"(system of representations),亦即一套关乎形象、概念且尤其是"结构"的"有生命"(lived)的系统。简而言之,意识形态表现了主体与其真实存在状态之间的想象关系。阿尔都塞著作的重要性,即在于把意识形态的问题聚焦在表象之上,即在于主体是在表象系统内被建构成一个意识形态主体的。也正是在这一点上,它对文学批评、电影理论和文化研究而言变得重要了起来,因为一般而言,这些学科首先涉及表象系统,并因此而涉及意识形态的问题。

阿尔都塞把意识形态看作是与"真实"存在状态之间的一种"想象"关系的观念,显然是同拉康的理论产生了共鸣。然而,马克思主义的主要兴趣却在于社会现实的表象,而精神分析则关注的是精神现实的表象。此外,精神分析所涉及的一套表象理论,还直接削弱了马克思主义意识形态理论在其上运作的前提,亦即:被表象者(对象)总是先于表象而存在。因而,有些阿尔都塞的批评家们便指出,精神分析无法像他所提议的那样,同马克思主义结合起来。

社会意识形态幻想

到 20 世纪 70 年代中期,阿尔都塞主义就已然迫于其自身理论的矛盾和局限而坍塌了。然而,斯拉沃热·齐泽克却进而指出,阿尔都塞主义只是迈出了第一步,而并非是有关意识形态主题的最终的错误定论。根据齐泽克的观点,任何精神分析的意识形态理论都必须适当地考虑幻想的构成性作用,或者是他所谓的"社会意识形态幻想"(social-ideological fantasy)。在其《意识形态的崇高客体》(1989)一书中,齐泽克曾指出,与其说意识形态仅仅是虚假或虚幻的现实表象,不如说现实本身即是"意识形态的"。这种把意识形态看作"虚假"意识的观念,便预先假定(presuppose)了我们可以获得一种"真正"的现实意识,也就是说,我们的现实表象对于它所表现的事物而言,可能是自我等同(或非意识形态)的。精神分析借由无意识的欲望与幻想等概念教给我们的东西,恰恰在于这是内在不可能的;始终存在着某种逃离的东西——亦即:作为实在界之剩余的对象 a。社会意识形态幻想的功能,即在于掩盖社会本身是由这一内在缺失所构成的创伤。

正如我们在第 4 章中看到的那样,不但主体是由缺失所构成的,而且大他者——也即象征秩序——也是如此。认识到大他者是缺失的,对于主体而言即是一个创伤性的时刻,而幻想的功能就在于掩盖这一创伤,并使它在某种程度上是主体可以承受的。拉康曾把这一创伤性的时刻描述为我们与实在界的不可能相遇。在社会性方面,齐泽克则把这一创伤性时刻看作是根植于所有社会中的根本性"对立"(antagonism)。我们喜欢认为,我们的社会是随着时间的推移,并经由人民的民主共识而自然和谐地发展的。对齐泽克而言,情况却并非如此:所有社会都被建立在一个社会冲突的创伤性时刻之上,而社会意识形态幻想则掩盖了这一构成性的对立。正如齐泽克写道的那样:"意识形态"恰恰是"一种社会现实,其存在本身即意味着它的参与者们对其本质的无知"(Žižek 1989:21)。这个"本质"即是残暴、冲突与对抗的时刻,而如果一个社会要作为一种"自然的"、和平的与民主发展的国家来宣称其自身的合法性,那么这个"本质"就必须遭到压抑。齐泽克在他对整个20世纪90年代巴尔干半岛冲突不断的分析之中很好地证明了这一点。很多"西方"评论者们都把所谓的种族暴力在巴尔干地区的爆发,解释为那些远古的"部落"冲突以及被共产主义镇压了50年的憎恨的回归。然而,在另一方面,齐泽克却指出,我们看到在巴尔干半岛展开的事情,无非是实在界于象征界之中的爆发。随着原先共产主义的意识形态与南斯拉夫国家的象征网络的崩解,我们便面临着对于那些新型"民主"社会而言是构成性的社会对立(见:Žižek 1993:200-37)。此外,随着这些新的超小国家获得了独立,它们便开始了制定新式国家认同(national identity)神话的过程,但是为了做到这一点,它们就必须首先镇压对其起源时刻的流血冲突和种族清洗的知识。因而,齐泽克写道,意识形态的功能"不是在于给我们提供一个逃离我们现实的点,而是在于把社会现实本身作为对于某种创伤性实在内核的逃离提供给我们"(1989:45)。

　　齐泽克关于社会意识形态幻想的概念,借鉴了欧内斯托·

拉克劳[1]与尚塔尔·墨菲[2]影响深远的著作《霸权与社会主义战略》(*Hegemony and Socialist Strategy*, 1985)。通过汲取自20世纪60年代以来兴起的那些新兴社会运动的经验——例如:女性主义运动、社会生态运动、黑人觉醒运动、同性恋维权运动,等等——拉克劳与墨菲指出,在党派政治的传统意义上的政治已经终结了,而我们必须重新把"政治"(political)设想为某种渗透了社会与我们生活方方面面的事情。墨菲认为,政治"不能被局限于某种类型的体制,或者被认为是构成了一种特殊的社会范围或阶层。它必须被设想成一个内在于所有人类社会并决定着我们的本体论状态的维度"(Mouffe 1993:3)。拉克劳与墨菲不同于20世纪90年代的其他社会理论家的地方,就在于他们遵循拉康而强调主体与社会都是由缺失所构成的。给这些新兴社会运动的斗争赋予特征的,"恰恰是那些构成单一媒介的主体位置的多样性"(Mouffe 1993:12)。换句话说,我们不仅是一个特殊社会阶级、种族或性别群体的成员,而且我们的主体性还纵横交错着许多不同的身份。在任何特定的时刻上,我们都占据着由性别、种族、性取向、职业身份与家庭地位等因素所登记的很多交叉的主体位置。因此,激进民主政治的复兴,就要求我们拒绝这样一种观念,即把个体看作是一个独立于社会而存在的自给自足的统一的实体,而要将其构想成"由'主体位置'的

1　欧内斯托·拉克劳(Ernesto Laclau, 1935—2014),阿根廷后马克思主义政治哲学家,埃塞克斯话语分析学派的主要代表,因与尚塔尔·墨菲合著的《霸权与社会主义策略》而受到学术界普遍关注。另著有《马克思主义理论下的政治学与意识形态》《论民粹主义的原因》以及《社会的修辞学基础》等。——译者注

2　尚塔尔·墨菲(Chantal Mouffe, 1943年生),比利时政治哲学家,后马克思主义代表人物,其最知名的著作是与欧内斯托·拉克劳合著的《霸权与社会主义策略》一书,她还参与编辑并撰写了《葛兰西与马克思主义理论》,另著有《政治的回归》《解构与实用主义》以及《民主政治的悖论》等。——译者注

总体所构成的一个地点,这些主体位置登陆在众多社会关系与群体成员的多样性之中,并且参与在集体认同形式的多重性之中"(Mouffe 1993:97)。

　　拉克劳和墨菲还把拉康的思想"根本没有性关系这样的东西"转移到了社会学领域,并进而辩称"根本不可能有社会这样的东西"。从一种拉康派的视角来看,在其话语性建构(discursive constitution)之前,是没有任何同一性存在的。所有的同一性都等价于一个"处在关系系统之中的差异位置",或者换句话说,"所有的同一性都是话语性"且基于差异的(Laclau 1990:217)。社会同一性,就像个人同一性那样,不能被说成是建立在与其对象的某种终极自我认同之上;抑或建立在社会充分构建其自身的能力之上——如果你们愿意的话,社会可以把自身建构为某种客观的给定或可知的现实。然而却总是存在着某种过剩的东西;这个剩余物滑脱了从意识形态上把它固定下来的企图。换句话说,社会即是一个"不可能的对象"(impossible object)。

　　雅尼斯·斯塔夫拉卡斯基[1] 在《拉康与政治》(*Lacan and the Political*,1999)一书中更加充分地发展了拉康派精神分析之于社会理论与我们理解民主政治而言的意义。这些思想尤其是通过霍米·巴巴[2]的著作而影响到了后殖民理论(见:《文化的定位》[*The Location of Culture*],1994)。正如我们将要在下面看到的那样,"主体定位"(subject positioning)的思想,也对联系于

115

1　雅尼斯·斯塔夫拉卡基斯(Yannis Stavrakakis,1970年生),希腊政治理论家,埃塞克斯话语分析学派成员,其著作主要阐释了精神分析理论(弗洛伊德与拉康)之于当代政治理论与文化分析的重要性。主要著作有《拉康式左派》及《拉康与政治》,另编有《拉康与科学》和《话语理论与政治分析》。——译者注

2　霍米·巴巴(Homi Bhabha,1949年生),当代著名后殖民理论家,擅长从拉康派精神分析的角度,对外在强权如何通过心理因素来扭曲人性加以描述,其主要批判性著作有《文化的定位》以及他主编的《民族与叙事》等。——译者注

《屏幕》(*Screen*)期刊的精神分析电影理论产生了重大的影响。最近,拉康派精神分析还被用于抵制社会理论与文化研究中的伦理学转向,尤其是有关差异或他性的伦理学(见:Badiou 2002)。

女性主义

尽管拉康有关性别差异的解释,对于英美女性主义产生了一种深远的影响,但是这种影响却是相当矛盾的。如果说政治理论的关切在于说明社会规范如何被主体成功地内化,那么精神分析之于无意识的理解迫使我们去承认的,就是这一内化的必然失败。对于杰奎琳·罗斯(Rose 1996c)而言,正是这种对于处在精神生活中心的任何稳定同一性的抵抗,造成了精神分析与女性主义之间的一种特殊亲缘关系。这种同一性的内在不稳定性,破坏了政治认同与团结的传统概念,但也还开启了那些有关主体性的非规范性理论(non-normative theories)的可能性。同拉康精神分析的这一相遇,对于女性主义政治学而言的意义,在《男/女》杂志(*m/f*)中得到了最充分的探索(见:Adams & Cowie 1990)。

在其开篇社论中,《男/女》杂志便宣称自己是一本致力于"女性运动"的刊物,但它同时也反对女性运动在许多方面所支持的那种本质主义。因而,这本期刊便着手对性别范畴和性别差异进行有系统的质询,以表明这些性别同一性并非是既定存在的,而是经由社会与精神投入的复杂集合而产生的。例如,"女性"(feminine)这一范畴就不是由我们的解剖学所决定的某种东西,而是如拉康所表明的那样,取决于那些无法用生物学或社会历程来说明的精神过程的结果。认为女人在社会中的不平

116

等地位可以完全通过性别差异或性别身份来解释,这种观点其实就是在将一种固定不变的本质归于女性的概念,但是精神分析却揭示出了这是一种站不住脚的概念。我们不能说存在着"女人"的范畴,因为根本没有任何固有的女性品质或固定身份是为这一术语所适用的。因此,拉康式女性主义的一个结果,即在于它消除了男人与女人之间的界线,而女性运动则恰恰是在这道界线之上被建立起来的:

> 倘若没有一个主体的位置,那么也就不可能存在任何男性主体与女性主体之间的"性别分化"了,因为性别分化总是要求全部主体都是已经在性别上有所分化的,也就是说,它是在两个单一群体之中被组织起来的。
>
> (Adams & Cowie 1990:29)

因为在男人和女人之间不存在任何以固定身份为基础的先天性别分化,所以对于女性主义而言的问题,即在于"性别差异"是通过社会实践并在社会关系之中被组织起来的。正如尚塔尔·墨菲简洁地指出的那样,《男/女》杂志的遗产即在于它使"那种有关妇女压迫的一般理论变成了一种过去的东西"(Mouffe 1990:4)。对其他女性主义者而言,这也向来都是拉康主义与解构"女人"范畴的主要问题所在。如果女人的概念不复存在,那么一种女性主义的政治学又能在什么基础之上得以阐述呢? 露

西·依利加雷[1]与朱莉亚·克里斯特娃[2]的著作更具批判性地
吸收并发展了拉康的思想。

依利加雷与女性想象界

露西·依利加雷是在拉康的"弗洛伊德学派"(*École Freu-dienne*)受训成为精神分析家的,但是由于她的博士论文《他者女人的反光镜》(*Speculum of the Other Woman*,见:1985a)在1974年的发表,她却遭到了弗洛伊德学派的除名。玛格丽特·惠特福德[3]指出,与其说依利加雷是一位拉康派女性主义者,不如说她是一位后拉康主义者,因为从某种意义上说,她提出要通过阐述一种女性想象界(feminine imaginary)来改变象征秩序。依利加雷既吸收了拉康的精神分析,又对其进行了高度的批判。她曾在其《精神分析的贫瘠》(Poverty of Psychoanalysis)中提出了三条批判主线:首先,精神分析及其对女人的态度都是在历史上被决定的,因为该学科并未认识到这一点,所以它内在地是阳具中心的;其次,象征秩序有赖于一种对于母亲的不被承认的归并;最后,精神分析不仅受制于那些居于主导地位的文化性幻想,而且它还把那些幻想保存了下来,尤其是关于女人的幻想,而由于精神分析并不承认这些幻想,我们便能看到压抑和防御在其自身理论中的运作(Whitford 1991:31)。简而言之,依利加

117

1　露西·依利加雷(Lucy Irigaray,1930年生),法国女性主义者,哲学家、语言学家、心理学家、精神分析家、社会学家兼文化理论家,其主要著作有《他者女人的反光镜》(1974)与《此性非一》(1977)。——译者注

2　朱莉亚·克里斯特娃(Julia Kristeva,1941年生),法国女性主义者,哲学家、文学批评家、精神分析家兼社会学家,著述颇丰,其主要论著有《诗学语言的革命》、《恐怖的权力》与《太初有爱》等。——译者注

3　玛格丽特·惠特福德(Margaret Whitford,1947—2001),法国女性主义哲学家,主要著作有《梅洛-庞蒂对萨特哲学之批评》《女性哲学观》等,另参与了《依利加雷读本》的编辑和撰写。——译者注

雷认为,女性即是精神分析与一般西方文化的不被承认的无意识。

对依利加雷而言,问题是如何在不受困于那些父权框架的情况下来界定女性。精神分析之于性别差异的理解是以差异的"可见性"(visibility)为基础的,因此,女性就总是被构想为男性标准的缺位或否定。结果,女人便被排除在表象之外。依利加雷借鉴了社会理论家兼拉康批评家科内利乌斯·卡斯托里亚迪斯[1]的著作(Castoriadis 1987),从而发展出了一种更具肯定性与创造性的想象界概念。对拉康而言,想象界是幻象与误认的领域,与此不同,对卡斯托里亚迪斯和依利加雷而言,想象界则是无意识的幻想。在依利加雷看来,想象界同样是"性别化的"(sexed),于是她便在男性想象界(male imaginary)与女性想象界(female imaginary)之间作出了区分,前者有关于同一性、合理性与阳具中心主义,后者则有关于多样性、易变性与流动性。依利加雷的意思并不是说女人是非理性的,而是说合理性本身是以这样一种方式(亦即:女性是不可避免地遭受压抑的)而在历史上被建构起来的。因此,对依利加雷而言,女性就是某种必须被创造出来并被赋予象征形式的东西,同时,她还提出了一种通过"言说女人"(parler-femme)来达到这一点的策略。惠特福德(Whitford 1991)指出,我们至少可以从三种意义上来理解这一策略:首先,女性变成了一种天生的、无需中介的表达,它涉及的是一种退行,即退行至跟身体与母亲的前俄狄浦斯关系;其次,女性是无意识的表达;第三,女性是一种特定的精神结构。在此

1　科内利乌斯·卡斯托里亚迪斯(Cornelius Castoriadis, 1922—1997),希腊哲学家、社会评论家、经济学家兼精神分析学家,其有关自主性与社会建制的理论在学术界和激进主义圈子里颇有影响,主要论著有《社会的想象性建制》、《现代资本主义与革命》以及《在战争面前》等。——译者注

重要的是要记住,依利加雷是在试图想象不可想象之物和思考超越性别差异之物。从某种意义上说,女性想象界非常接近于拉康的实在界。然而,依利加雷却给它赋予了一种积极的内容,并声称它是可以被表达出来的。

在《此性非一》(*This Sex Which is Not One*,1985b〔1977〕)中,依利加雷把阳具作为性别差异能指的单一性与女性性欲的多样性——阴道、嘴唇、阴蒂、乳房及子宫——对立了起来。嘴唇的双重性——两个而非一个,生殖器与嘴巴——最终象征了女性性欲。对于依利加雷著作的拉康式回应则在于:从女性代表着某种预先给定的力比多的意义上说,依利加雷是一位本质主义者,另外她还拒绝了象征性阉割。然而,惠特福德(1991)却指出拉康的批评疏漏了一点,亦即:依利加雷首先关心的不是冲动,而是象征界与表象。依利加雷把拉康看作是一个象征决定论者,而她以为精神分析的重点不是在象征界中工作,而是在于改变结构本身,亦即找到一些让女性可以在"缺失"或"洞隙"之外获得表象的方式。正是她的著作中的这个方面,在女性主义的文化研究中找到了特殊的共鸣。

克里斯特娃与符号界[1]

来自法国女性主义的第二个主要影响,即是朱莉亚·克里斯特娃,尤其是她论及"符号界"(semiotic)的早期著作。在依利加雷发表《反光镜》的同年,克里斯特娃也发表了她的《诗学语言的革命》(*Revolution in Poetic Language*,1984〔1974〕)。克里斯特娃把"表意过程"(signifying process)定义为"符号界"与"象征界"之间的一种辩证交互作用。虽然符号界和象征界有时候可以被看作是对拉康区分想象界与象征界的一种改进,但

1　这里克里斯特娃的"符号界"或可改译为"记号界"。——译者注

是符号界其实却具有很多实在界的性质。对克里斯特娃而言，象征界是语言的形式结构，而符号界则联系着前俄狄浦斯的原发过程。符号界因而便被联系于身体和冲动，克里斯特娃将其定位在"母性空间"或"母体"（chora：该词通常根据希腊文被译作"封闭空间"或"子宫"）[1]之中。然而，"母体"却并非是一个固定的位置，而是处在象征界之下的一种永无止境的运动或搏动。符号界对象征界起着一种破坏性压力的作用，它可以透过语言中的缺口、无意义的倾向与笑声来追溯。在《诗学语言的革命》中，克里斯特娃把这种语言视同于先锋诗歌与先锋文学。

　　克里斯特娃有关女性主义与女人的看法，几乎跟拉康的见解一样肆无忌惮。克里斯特娃写道："相信我们'是一个女人'，几乎就像相信我们'是一个男人'那般荒谬与蒙昧"（引自 Moi 1985：163）。对克里斯特娃而言，我们无法"是"一个女人，因为"女人"是一种社会建构。克里斯特娃把"女人"界定为超出表象之外的东西，也即是无法被言说的东西。然而，她却强调女人的位置相对于阳具中心秩序的否定性，而非像依利加雷那样，试图去表达关于女性的那些肯定的表象。相对于支配性的意识形态和语言，女人与社会中的其他受压迫群体共享着一个边缘性的位置。正是在这个方面，女人与其他边缘化的群体都被联系于符号界，因为符号界是处在主导话语之外并边缘于它的东西。

1　"chora"是克里斯特娃在《诗学语言的革命》中援引自柏拉图的一个希腊文术语。柏拉图曾在《蒂迈欧》篇中将其引入，以表示某种"容器"或"空间"，对柏拉图而言，"Χώρα"既不是存在（being），也不是非存在（non-being），而是"理念"最初被抱持于其中的"间隔"，而对克里斯特娃而言，该词则指涉介于符号界和象征界之间的一种前能指的边缘状态。由于该词具有的母性意味而常常被联系于"母体"或"子宫"，故而我在此将其译作"母性空间"，以强调它在精神分析意义上同女性的关联。——译者注

酷儿的阳具

拉康对于性别差异的解释,也同样受到了来自酷儿理论(Queer theory)观点的批评。在《身体之重》(*Bodies That Matter*,1993)一书中,朱迪斯·巴特勒[1]挑战了精神分析对于性别差异的解释,因为精神分析的解释是以正常化的异性恋伴侣为基础的,而没有考虑到其他形式的性关系。巴特勒借鉴了米歇尔·福柯(Michel Foucault,1926—1984)的“话语”(discourse)概念,她认为精神与社会必须被看作一个连续体,并指出性别差异本身即是在话语层面上被构成的。在一篇令人印象深刻的文本分析里,巴特勒将拉康的《镜子阶段》和《阳具的意指》(*The Signification of the Phallus*)解读作是同弗洛伊德的《论自恋》(*On Narcissism*)相冲突的,并以此来强调精神分析的阳具概念所具有的不稳定性与偶然性。在此重要的一点是,巴特勒拒绝的不是阳具的概念本身,而是它在精神分析理论中的特权地位。巴特勒指出,我们可以从弗洛伊德的文本之中看到某种矛盾处在其理论的中心,因为“阳具并不属于任何身体部分,而是从根本上可以转移的,至少在这篇文本里,它是爱欲生成的可转移性的原则”(1993:62)。因此,悖论性地是,弗洛伊德式精神分析的教诲,并不在于一个单一特权能指的存在,而是在于解剖学无法提供锚定能指链的稳定指示物。根据巴特勒的观点,我们的身体不能被认为是理所当然的,因为它们始终是后天获得的。在此,巴特勒的意思并不是说我们的身体只是语言的建构,而是说因为我们的身体与语言有关,所以我们的身体永远不可能完全

1　朱迪斯·巴特勒(Judith Butler,1956 年生),当代美国哲学家、酷儿理论家,其思想在政治哲学、伦理学、女性主义、性别研究与文学理论等领域均产生广泛的影响,其主要著作有《性别麻烦》、《身体之重》、《消解性别》、《权力的精神生活》以及《偶然性、霸权与普遍性——关于左派的当代对话》等。——译者注

逃离它们受到意指化的过程。

从此种观点来看,巴特勒便谴责拉康在镜子阶段中来设想身体的概念。拉康把身体解释为一种想象的功能,但这种解释却存在着两个基本的问题。首先,这一图式在本质上是男性的,并且在拉康的话语中成为了一种更广泛的男性认识论的基础。其次,身体在《镜子阶段》中被理想化成了控制的中心,这种理想化继而又在《阳具的意指》中以阳具(作为控制意指的能指)的形式得到了重新的阐述。然而,在巴特勒看来,主张阳具相对于其他的能指具有一种特权的地位,即是"述行性地"(perfor-matively)引入了那一特权的效果。换句话说,阳具之所以会获得其特权的地位,只不过是因为我们说它获得了特权的地位。巴特勒遵循依利加雷的观点指出,不存在一种想象的图式,而只有供以选择的图式——女性图式、男性图式、异性恋图式、双性恋图式、同性恋图式,等等——而在每一种图式之中,阳具都将起到不同的功能。更具体地说,巴特勒指出女同性恋的阳具取决于它作为一个能指从阴茎到另一身体部分的位移,由此便削弱了精神分析有关阉割焦虑与阴茎羡慕的阳具中心主义观点。女同性恋的阳具即构成了一个"认同与欲望的矛盾场所,它极大地不同于与其相关的异性恋规范的场景"(1993:85)。在此场景中,女同性恋的阳具是一种可以转移的幻想,它既不被联系于一个单独的身体部位,也不是某种"实在"之物。于是,阳具便丧失了其作为特权能指的意义,而仅仅变成了一个其他能指中的能指;它既不具有原始能指的地位,也不是在话语之外的不可言说之物。而谈论女同性恋的阳具,即是去提供一个供替代的想象界(alternative imaginary),即是去打破有关性别差异的"异性恋规范"(hetero-normative)的解释。然而,巴特勒却指出,要做到这一点,我们无需用一个新的身体部位来代替阳具,而是要取代异性恋差异的主导象征主义,并释放供替代的想象界图式,以便构成一些爱欲生成性的快乐的场所。

　　尽管在对精神分析的阳具中心主义与"异性恋规范"的偏见提供一种批判上,巴特勒的著作是极具影响的,但是她关于性别的话语建构的观点,却也同样受到了来自拉康派圈内的挑战(见:Copjec 1994a)。此外,她对拉康精神分析中的身体的批评,也仅仅集中在身体的一个方面上——亦即:镜子阶段中的想象的身体——而身体在拉康的三大秩序中却起着不同的功能。对于拉康而言,"身体是一种现实"(Soler 1995b:7),但是他的意思并不是说身体是预先给定的。根据拉康的观点,就其本身而言,身体并非是我们与生俱来的,而是像巴特勒所指出的那样,我们后天获得了我们的身体。拉康首先是通过镜子阶段中的破碎的身体——婴儿在镜子中凝视统一形象的身体经验——来着手讨论身体问题的。在 20 世纪 50 年代,他彻底地改变了自己的身体概念,并提出在身体及其形象之间存在着一道根本性的裂痕。于是,他的关注点便转向了在象征界中被能指所代表的身体,或者说是所指的身体(signified body)。在其事业生涯的最后阶段,拉康把他的注意力更多地转向了实在的身体的概念,亦即:无法象征化的身体。对拉康而言,身体之所以是实在的,并非因为它是前象征的,而是就"它不可能凭借能指来理解"而言的(Soler 1995b:30)。至今,很多文化研究仍在接受着拉康身体概念的充分影响。

121

文学理论

　　经典精神分析批评,或者应用精神分析,都聚焦在文学作品的"内容"以及作者或人物的心理上。拉康式的解读则集中在文本的"形式"与结构上。对于拉康而言,文学是精神结构的典范,而非任何个体无意识内容的典范。在《文学与精神分析》(*Literature and Psychoanalysis*,该书最初在 1977 年作为《耶鲁大学法国研究》[*I Yale French Studies*]中的一卷出版,尔后在 1982 年再版成书)一书中,肖珊娜·费尔曼(Shoshana Felman)对拉康式精神分析的解读给出了一例绝佳的示范。在传统上,精神分析一向都宣称主人话语的地位,而文学则作为一系列需要诠释的文本被指派了从属性的地位。然而,对费尔曼而言,文学则并非是超出精神分析之外的一种孤立的话语,而是自其开端以来——也即自弗洛伊德遭遇索福克勒斯的《俄狄浦斯王》以来——文学便一直在给精神分析提供让它可以去言说其概念及其真理的语言。因此,费尔曼提出,我们应当用"蕴涵"(implication)的概念来取代"应用"(application)的概念。

我们可以把费尔曼自己对于亨利·詹姆斯[1]骇人听闻的志怪小说《螺丝在拧紧》(*The Turn of the Screw*)的详尽解读当作一个例子,来说明这在实践当中可能意味着什么。詹姆斯的这部短小的"粗制滥造的作品"——他就是如此称呼它的——讲述了一位家庭女教师负责在一栋偏远的乡间别墅里照看迈尔斯(Miles)和弗洛拉(Flora)这两个小孩子的故事。孩子们的监护人是缺席的,因为他对照顾他们毫无兴趣,所以家庭女教师只能找女管家格罗斯太太(Mrs. Gross)来帮忙。在刚刚抵达庄园后

---

[1] 亨利·詹姆斯(Henry James, 1843—1916),英美小说家,19 世纪现实主义文学的代表人物之一,其作品以刻画人物的内心世界开创了心理分析型小说的先河,代表作有《贵妇的肖像》、《鸽翼》、《使节》、《金碗》、《螺丝在拧紧》以及《丛林猛兽》等。——译者注

不久,家庭女教师就开始看到一男一女的幽灵,她从格罗斯太太那里了解到,他们是前任的家庭女教师和她的马夫情人,两人都死于神秘事件。家庭女教师认为孩子们在跟这些幽灵进行秘密的交流,但是却似乎没有其他人能够看到它们。最终,家庭女教师跟格罗斯太太一同送走了弗洛拉,并强迫迈尔斯以悲剧性的结果去面对那些幽灵。在詹姆斯的小说最初发表之际,它就曾激起过一阵公愤,评论家们也都把它描述为"邪恶"和"可憎"的故事(见:Felman 1982:96-7)。三十多年后,埃德蒙德·威尔逊[1]发表了他对这则文本的"弗洛伊德式解读"(1965),使得这场公愤卷土重来。威尔逊以为,《螺丝在拧紧》其实根本不是一篇志怪小说,而是一部关于神经症的个案研究。威尔逊的文章因其弗洛伊德式的还原论而遭受到了广泛的批评,而威尔逊后来也多次对其进行了修订,但他每次都保留了其心理学的解释。有关这部小说的批评和争论,皆围绕着三个问题而展开:幽灵是否真的存在?因此,家庭女教师是否在试图把孩子们从邪恶当中拯救出来?或者,她是否只是完全疯了?

令费尔曼感兴趣的不是各种解释的正确与否,而是这场争论的结构本身,亦即:詹姆斯的小说何以会一经出版就引起这样一场轰动,而随后又在其批评史上重复了这一轰动。如果说威尔逊对于这则文本的弗洛伊德式解读是如此的离谱,那么为什么还会有那么多的批评家觉得有必要去反驳它呢,而对于这个问题,为什么威尔逊还要不断去回应他们的批评呢?在这里,我们可以将其说成是精神分析的东西,并非是这则故事的内

1　埃德蒙德·威尔逊(Edmund Wilson, 1895—1972),美国著名随笔作家、文学评论家,曾担任《名利场》和《新共和》杂志主编,《纽约客》评论主笔,其文学批评深受马克思和弗洛伊德的影响,主要论著有《阿克瑟尔的城堡》《到芬兰车站》与《三重思想家》等。——译者注

容——无论孩子们是否被前任家庭女教师和她的情人引向了被禁止的性知识,或者是实际上遭受过他们的性虐待——而是这则文本所展现的重复的结构。这则文本是一个坚持在表达的能指,但同时它又在不断地削弱任何稳定或固定的意义。因而,读者便无法停留在对这则文本的一种最终确定的解释上,因为它的结构本身即抵制着这样一种可能性。读者要么会相信家庭女教师,并因而像女管家那样天真地相信鬼魂的存在,要么会怀疑鬼魂的存在,并因而像家庭女教师那样神经兮兮的。这即是文本给我们提供的两种可能的解读立场,它们在其批评史上不断地重复,其中没有任何一者是特别令人满足的。

费尔曼在这一名家解读中证明了此两种立场均被写进了这则文本本身,而且批评家和读者们也都像故事中的人物那样被卷入了这些立场。因此,她关心的就不是这则文本意味着"什么",而是它"如何"达到了某些效果,以及读者的欲望如何被捕获进了一个意指的链条。关于费尔曼的解读,伊丽莎白·赖特(Elizabeth Wright 1998)[1]强调了一些未经回答的问题,它们都集中在"转移"(transference)的问题上:既包括作者的转移,也包括批评家或读者的转移。

转移与文本

当代精神分析批评中最富有成效的发展之一,即是用"转移"来解释读者与文本之间的关系。精神分析所谓的"转移"是"阻抗"(resistance)的一种形式,它涉及的是通过时间和空间把一段过去的关系移置到当下的无意识过程。也就是说,通过分

1　伊丽莎白·赖特(Elizabeth Wright),英国学者,剑桥大学格顿学院资深成员,其研究领域横跨精神分析与比较文学,同时她自己也是一位执业精神分析家,其在拉康研究方向的主要著作有《拉康与后女性主义》以及《言说欲望可能是危险的:无意识的诗学》,另参与了《精神分析批评》的编辑与撰写。——译者注

析者与分析家之间的关系,原先的童年或早期关系会被移置进分析的情境,并在某种意义上被重演于分析的情境。转移始终是带有矛盾情感的:它既是一种爱的关系(正向转移),又是一种恨的关系(负向转移),并因而是内在不稳定的。转移涉及的是在分析家与分析者之间的关系中被唤起的一些强烈情感,它们无法经由这一情境的现实来解释。在《研讨班 XI》中,拉康重新阐释了弗洛伊德的转移概念,以便纳入他所谓的"假设知道的主体"(subject supposed to know)。分析者把分析家摆在一个无所不知的专家或权威的位置上,他们相信分析家拥有所有的答案,并从而理想化了他们的分析家。然而,拉康这一表述的重点,却不应被放在"知道"上,而应被置于"假设"上;分析家既不知道也不拥有所有的答案。这种有关转移的表述,对于读者与文本之间的关系产生了一些重要的意涵,因为作为读者,我们假定是文本"知道",假定是文本拥有所有的答案。因此,拉康关于转移的理解便指出了这样一个事实,也即:我们必须看到某一特定文本的意义不是在于其文本自身,而是作为读者与文本之间的一种重构。

　　在《精神分析的文学批评思想》(The Idea of a Psychoanalytic Literary Criticism, 1987)中,彼得·布鲁克斯(Peter Brooks)指出,精神分析被用作一种文学理论的模型并非是任意的,因为在精神分析有关心灵的概念与文学之间存在着一种直接的对应。精神分析与文学皆聚焦在主体与表象的问题之上。这也是转移出现的地方。转移是"是一个好似(as-if)的领域,在其中那些来自过去的情感变得被投注于现在";换句话说,转移即是"一种有关过去的表象"(1987:9)。因而,转移便创造了一个既非过去也非现在,既非内在也非外在,既非虚构也非现实的中间区域。简而言之,转移在本质上是即文本性的。凡是文本都具有一个内隐的或暗含的收件人——亦即:读者。因此,文本在结构上是具有内在的对话特征的。我们是通过阅读的行为本身而介入文本的,正如文本也同样引导并操纵着我们作为读者的欲望。因而,在某种意义上说,阅读的过程既是转移性的又是反转移性的。阅读与转移之间的这种比较的有效性,即在于它阐明了发生在一个人造的空间——亦即:一个象征的空间——里的读者与文本之间的复杂相遇,这个人造的空间同时也是欲望真实投注的地点。促使我们去阅读和研究文学的,其实就是在读者与文本之间的动力学中释放出来的一种非常强烈的欲望——亦即:一份对于文学的热爱。

电影理论

在第 1 章中,我们考察了拉康之于电影理论的影响。众所周知,装置理论或者屏幕(screen)理论,都基本上把电影看作是一种从意识形态上建构观众的机器。这也是康斯坦斯·庞莱(Constance Penley,1989)相当干净利落地称之为"单身汉机器"(bachelor machine)的典范,也就是说,是一个把女性身份排除在外的自我封闭的能指系统。装置理论家们影响了把电影视作一种偷窥狂(voyeuristic)或恋物癖(fetishistic)结构的观念。弗洛伊德有关偷窥狂与恋物癖的解释,只有相对于性别差异的问题才具有意义,但是装置理论家们却将之归于一般而言的电影观众。因此,我们在这里看到的,就是"否认"(disavowal)本身的一个极好例子——当代电影理论中对性别差异的否认,以及对女性身份的排除。关于精神分析有关视觉与主体性的洞见,尤其是对于目光(gaze)[1]概念的洞见,必须有一个更精湛且更复杂的解读(Copjec 1994b)。

眼睛与目光

在《研讨班 XI》中,拉康发展了梅洛-庞蒂的思想,亦即:一个先在的目光从外部凝视着我们。对梅洛-庞蒂来说,这一目光是从一个全视的先验主体那里发出的,但是在拉康看来,则根本没有这样的主体存在。根据拉康的观点,我们原先并不是在观看这个世界的意识主体,相反,我们总已经是"被注视的存在"(1979[1973]:74-5)。在眼睛与目光之间,存在着一个根本性的分裂。当"我"仅仅从一个地方来观看的时候,我就受到了来自四面八方的注视。有一个目光先在于我的主观视野(subjective view)——亦即我所遭受的一种全视(all-seeing)。齐泽克很好地概述了这些观念:

> 观看对象的眼睛处在主体的一边,而目光则处在对象的一边。当我注视一个对象的时候,这个对象也总是已经从一个我无法看到它的地方在凝视着我。
>
> (Žižek 1992:109)

至于目光如何能够在电影中得到运用,齐泽克(1992)在他对希区柯克(Hitchcock)的影片《精神病患者》(*Psycho*, 1960;又译

1　拉康的"目光"(regard)概念,常常被国内的学者根据英文 gaze 而译作"凝视"。然而,在此需要指出的是,拉康明确把"目光"置于对象而非主体的一边,并将其看作是对象 *a* 在视觉领域中的绝佳典范,而"凝视"一词则无疑隐含着一种是主体在观看的主观性位置,因而并不是一个恰当的翻译。至于拉康对"目光"的直接讨论,见:《研讨班 XI:精神分析的四个基本概念》中的第二篇《论目光之为对象小 *a*》。——译者注

《惊魂记》)的分析中给出了一个很好的例子。在影片即将结束
之际,莉拉(Lilah)去到了诺曼(Norman)和他"母亲"在山上生
活的老房子。在这里,希区柯克的电影技术在莉拉爬山的客观
镜头同她对房子的主观视野之间不断地切换。齐泽克指出,希
区柯克的剪辑风格不但顾及了两种可能的镜头,而且还禁止了
两种其他的镜头。就希区柯克而言,我们要么得到"人物接近
大写之物的客观镜头",要么得到"按照人物的视角去呈现大写
之物的主观镜头"(1992:117),但是我们从来不会得到大写之
物的客观镜头,或者来自大写之物位置上的人物的主观镜头。
在来自《精神病患者》的这组连续镜头里,我们永远只能从莉拉
的视角看到那栋房子;房子本身并没有任何中立、"客观"的镜
头,因为那会消除围绕未知之物的神秘和预兆。倘若希区柯克
提供了一些来自房屋本身内部的主观镜头来使大写之物"主观
化",那么这种诡异感也同样会丧失殆尽;例如,一只颤抖的手
拉开窗帘,并注视着来到山上的人物的那种标准镜头。我们只
能从莉拉的视角看到房子,然而正是"那栋房子在凝视着莉
拉"。莉拉虽然在接近那栋房子,但是她却无法从房子凝视她
的那个位置上看到房子。

　　对于电影理论而言,拉康的目光概念还有着一些进一步的
蕴含。正是在眼睛与目光之间的分裂中,冲动被表现于视觉的
领域(1979[1973]:73)。换句话说,目光不是某种可以被看到
的东西,因为就其本质而言,它恰恰就是那个逃脱视觉领域的东
西,不过它却是某种能够以对象 a 的形式来表现的东西。因此,
拉康的目光理论便把我们导向了对象 a 与幻想在电影中的
功能。

　　电影之为幻想

　　幻想从来都不是某种纯粹的私人事件;相反,这些幻想会透

过诸如电影、文学与电视等媒体而流通于公众领域。幻想是"一个享有特权的领域,在此领域上,社会现实与无意识都会被卷入一种使它们相互缠绕的塑型"(Cowie 1990:164)。幻想即是欲望的"搬演"(mise-en-scène)。搬演是指把一切事物布置进或安排到电影画面之中;换句话说,也即灯光、服装、道具,以及人物与道具在画面之中的定位。正是这个概念提供了幻想(之为欲望的上演)与电影(之为观众欲望的布景)之间的纽带。电影提供了一组复杂的位置与潜在的关系,观众可以由此演出他们自己的欲望。叙事的角色是这里的核心,因为它同时在幻想和电影的层面上提供了一些可识别的结构与连贯性。我们从幻想中得到的快乐,与其说是它达到其目标、其对象的结果,不如说是欲望能够借由叙事结构而演出其自身的方式。

考伊(Cowie, 1997)对幻想在影片《扬帆》(Now, Voyager, 1943)中作的不同层面提供了一篇详细的分析,我们只能在此简略地提及这则分析。影片讲述了夏洛特·瓦勒(贝蒂·戴维斯饰)的故事,夏洛特是一个富裕家庭的未婚小姐,她被专横强势的母亲逼得精神崩溃。由于违抗母亲的意愿,夏洛特被送往了一家疗养院,她在那里获得了康复,作为回馈,她又继续了一段海上航行。在航海期间,夏洛特爱上了一位有妇之夫——杰瑞·杜兰斯(保罗·亨雷德饰)。他们在三天后分别,夏洛特回到了母亲的家中。回家后,夏洛特的母亲仍旧不改她往日的那种专横行径。夏洛特起初屈服了,但最终她还是起身反抗了母亲的压迫,她的全新自我得以获胜。夏洛特跟一个家境同样富裕的波士顿人订了婚,但在她收到一份旧情人寄来的礼物时,她又解除了婚约,跟母亲大吵了一架,导致母亲心脏病发作猝死。夏洛特深感内疚,她回到疗养院,并在那里遇到了杰瑞的女

儿蒂娜,后者也是一位对孩子漠不关心的母亲的牺牲品。影片
结束于夏洛特同蒂娜作为母女幸福地生活在一起。杰瑞造访了
她们的住所,说他无法接受夏洛特为他而牺牲掉自己的生活,但
是夏洛特却回应说,倘若他们不能亲自在一起的话,他们也可以
通过孩子在一起。

　　考伊(1997)表明了幻想在这里如何运作于许多不同的层
面,尤其是偶然发生的白日梦或愿望满足的幻想,如何被联系于
一种更原始、更原初的幻想。首先,在一个我们可以将其称作表
面的文本层面上,存在着对于承认的欲望:夏洛特的欲望在于让
她的医生承认她是一个有价值的人,承认她航海旅行的凯旋,以
及她相对于母亲的独立。更重要的是,她还欲望着自己在游轮
上体验到的一个男人的爱。另一方面,夏洛特的婚姻也提供了
另一种不同的有关愿望满足的幻想,因为在某种意义上说,她的
未婚夫原先曾拒绝过她,而现在,当她从疗养院回来之后,她反
而能够拒绝他了,并向她永远触不到的"绝对的爱"保持忠贞。
因此,这部影片的最后场景,便可以说是上演了"'现实'永远不
可能那么充满激情和令人满意的一段隐秘爱情"的剧本(Cowie
1997:146)。然而,在更深的层面上,这里还有一个更为根本的
幻想在运作,这一根本性的幻想围绕着母亲的角色而转动。夏
洛特取代了她的母亲,但是在这么做时,她却化身成了母亲从未
为她或者为蒂娜所成为的一切。相当奇怪的是,夏洛特对孩子
和对母亲的欲望,是在她没有性爱的情况下被实现的。根据考
伊的见解,在这部影片里演出的明显是一种俄狄浦斯式的发展
轨迹,只不过它经历了一个重要的扭曲。夏洛特把她的欲望从
其母亲(作为原初爱的对象)那里转移了开来,但却并未转移到
父亲身上。夏洛特设法获得了一个孩子,同时把父亲驱逐了出

去。因而,这部影片并没有遵循好莱坞电影惯常的发展轨迹,以夏洛特跟杰瑞的幸福结合来结尾,而是相反结束于夏洛特同蒂娜的另类结合。这部影片因为聚焦在母子关系乃至对"好母亲"的欲望之上而拒绝了俄狄浦斯式的发展轨迹,从而背离了其自身。在此,重要的是应注意到,情况并非在于对电影人物的精神分析,而是在于对叙事结构本身部分的精神分析化。这部影片呈现出了一系列有关愿望满足的幻想,但在更深的层面上,我们却发现了一则有关起源的俄狄浦斯式的原初幻想——亦即:孩子如何能够在没有性交的情况下诞生。这个幻想的主体不是夏洛特,而是被捕获在电影叙事中并凭借它来上演其自身欲望的观众。

拉康派精神分析电影理论的焦点,如今已从早期关注于镜子阶段和主体位置,转向了鉴赏拉康晚年有关实在、幻想与目光的著作。同诸多早期精神分析电影理论相反,这一新的事业(或视野)也产生了不少对于个别电影的惊人解读。在这方面,请读者参阅由莎乐克与齐泽克(Salecl & Žižek 1996)主编的论文集《目光与声音之为爱的对象》(*Gaze and Voice as Love Objects*),以及在最近由麦高恩与昆克尔(McGowan & Kunkle 2004)合著的《拉康与当代电影》(*Lacan and Contemporary Film*)。

128

小　结

无意识与人类的欲望渗透着我们的种种表象,并在我们的文化中心造成了一种持久的不稳定与瓦解状态。拉康派精神分析的持续关联与价值,就在于它保持了那一空间的开放,并拒绝了那种统一的、和谐的、无冲突的主体或社会"意识形态"的封闭,以及分析了欲望借由文化文本而表现出来的种种方式。

雅克·拉康的原著

拉康在其一生中只出版过一本书——即《书写》(Paris:Editions du Seuil,1966),也只监督过他研讨班系列中第一本出版物的编辑工作——即《雅克·拉康研讨班,第 XI 册:精神分析的四个基本概念》(Paris:Editions du Seuil,1973)。阿兰·谢里丹的英译本《书写选集》(London:Tavistock Publications,1977)收录了我们在前面几章里讨论过的很多关键文本,例如:《镜子阶段》、《罗马报告》、《无意识中字符的动因》、《阳具的意指》以及《主体的颠覆与欲望的辩证法》等,但是它仍然只涵盖了法文原版三分之一的内容。布鲁斯·芬克最近出版了这部选集的全新译本(*Écrits:A Seclection*,New York:Norton,2002),但是他的《书写》全译本仍在等待面市 [1]。芬克带有大量注释的译本,在未来

---

[1] 布鲁斯·芬克的《书写》全译本已于 2007 年由诺顿集团出版,是现行最权威的《书写》英译本。——译者注

几年里无疑将成为拉康的标准权威性文本,但是就目前的情况而言,本导读中的所有参照指涉的仍是谢里丹的版本。

拉康在 65 岁时出版了他的《书写》,这并非一部介绍性的著作,而是其毕生教学与临床实践的总结。其中的每篇文章都含有大量的影射与参考,而如果我们要开始理解拉康的思想,那么就需要对它们进行拆解。例如,《镜子阶段》只有七页的篇幅,而《阳具的意指》只有九页,但是这两篇文章中的任何一篇都生成了大量的引申、批评及应用。我要指出的是,阅读拉康的一种更好的方式,是通过由纽约州立大学出版社(Suny Press)所出版的研讨班和配套的《阅读》(Readings)系列(见:下文"关于拉康的著作")。毫无疑问,研讨班是一种非比寻常的阅读体验。每一册研讨班都含有大约 25 篇出自隔周研讨班的发言(尽管在拉康的晚年,这些研讨班随着他将其理论缩减至一套数学公式而变得越来越简短)。虽然每一篇发言都被期待是延续并承袭了前一周的研讨班,然而它们的联系却往往是薄弱的。与《书写》不同,这些研讨班并非是难以阅读的,但是读者仍旧会难以跟上拉康作出的一连串联想和联系。然而,在最后的时刻,拉康通常都会以一种述行的文饰把他的全部发言集结起来,而且他还会就自己此前在讨论的话题提供一份极其清晰易懂的阐述。因此,无论研讨班可能看似多么令人困惑,它都总是值得对其寻根究底的。从当前已出版的研讨班来看,《研讨班 II》、《研讨班 VII》与《研讨班 XI》可能是较好的起点。

——(1975) *Le Séminaire*, *Livre I*: *Les écrits techniques de Freud*, Paris: Editions du Seuil (English version, *The Seminar of Jacques Lacan*, *Book I*: *Freud's Papers on Technique*, *1953—1954*, ed.

J.-A. Miller, trans. J. Forrester, Cambridge：Cambridge University Press, 1988）.

《研讨班第Ⅰ册：弗洛伊德的技术性著作，1953—1954》（*Le Séminaire*, *Livre I*：*Les écrits techniques de Freud*, *1953—1954*）。该研讨班或许是人文社科类学者最不感兴趣的，因为它涉及的是一系列有关精神分析技术的问题。弗洛伊德的技术性论文（标准版第 12 卷）未被收录进"企鹅弗洛伊德文库"（Penguin Freud Library），因为它们是明确写给分析家的。拉康在这期研讨班中考察了阻抗与防御机制、压抑与欲望以及转移等问题。《第Ⅰ册》同样还包含了他早期对于想象界的阐述，以及他对精神分析的对象关系学派（Object Relations School）的批判。

——（1978）*Le Séminaire*, *Livre Ⅱ*：*Le moi dans la théorie de Freud et dans la technique de la psychanalyse*, *1954—1955*, Paris：Editions du Seuil（English version, *The Seminar of Jacques Lacan*, *Book Ⅱ*：*The Ego in Freud's Theory and in the Technique of Psychoanalysis*, *1954—1955*, ed. J.-A. Miller, trans.S. Tomaselli, Cambridge：Cambridge University Press, 1988）.

《研讨班第Ⅱ册：弗洛伊德理论与精神分析技术中的自我，1954—1955》（*Le Séminaire*, *Livre Ⅱ*：*Le moi dans la théorie de Freud et dans la technique de la psychanalyse*, *1954—1955*）。第二期研讨班是对弗洛伊德的《超越快乐原则》的一项研究——在拉康的整个学术生涯中，《超越快乐原则》始终是一则核心的文本。该研讨班包含了拉康早期对于象征秩序以及话语回路（circuit of discourse）的阐述。拉康探究了弗洛伊德那里的重复概念，以及主体如何被建构在能指链之中。该研讨班同样包含

131

了一篇有关《失窃的信》的早期简略版论文,还包括了一些有关语言与控制论的相当奇特的思考。

——(1981)*Le Séminaire*, *Livre III*:*Les psychoses*, Paris:Editions du Seuil(English version, *The Seminar of Jacques Lacan*, *Book III*:*The Psychoses 1955—1956*, ed. J.-A. Miller, trans. R. Grigg, London:Routledge,1993).

《研讨班第 III 册:精神病,1955—1956》(*Le Séminaire*, *Livre III*:*Les psychoses*, *1955—1956*)。该研讨班只有前半部分明确涉及了有关精神病与精神病现象的问题。后半部分则着眼于癔症、能指与所指之间的关系,乃至隐喻和换喻的问题。该研讨班同样涵盖了一些拉康早期有关父名与阳具的阐述。

——(1986)*Le Séminaire*, *Livre VII*:*L'ethique de la psychanalyse*, *1959—1960*, Paris:Editions du Seuil (English version, *The Seminar of Jacques Lacan*, *Book VII*:*The Ethics of Psychoanalysis 1959—1960*, ed. J.-A. Miller, trans. D. Porter, London:Routledge, 1992).

《研讨班第 VII 册:精神分析的伦理学,1959—1960》(*Le Séminaire*, *Livre VII*:*L'ethique de la psychanalyse*,*1959—1960*)。对于拉康思想在人文社科领域的广泛传播而言,该研讨班一直都是至关重要的,对于齐泽克以及女性主义的批评家们,它提供了一个持续的参照点。该研讨班包含了拉康对于"大写之物"(das Ding)的唯一提及,以及他对升华和"享乐"的一些思考。然而,该研讨班最出名的或许还是拉康对索福克勒斯的古希腊悲剧《安提戈涅》的讨论,在那里他详细阐述了其最具影响性的

有关伦理行动的定义——"不要在你的欲望上让步"[1]——以及
与典雅爱情诗歌有关的女性性欲的问题。该研讨班是一份非常
易懂和基本的读物。

——(1973) *Le Séminaire de Jacques Lacan*, *Livre XI*: *Les quatre
concepts fondamentaux de la psychanalyse*, Paris: Editions du Seuil
(English version, *The Four Fundamental Concepts of Psycho-
Analysis*, ed. J.-A. Miller, trans. A. Sheridan, London: Hogarth
Press, 1977; reprinted Harmonds-worth: Penguin Books, 1979,
and with a new introduction by D. Macey, 1994).

《研讨班第 XI 册:精神分析的四个基本概念,1964》(*Le
Séminaire de Jacques Lacan*, *Livre XI*: *Les quatre concepts fonda-
mentaux de la psychanalyse, 1964*)。该研讨班是一则深奥难懂
且晦涩难读的文本,但是它却毫无疑问是拉康学术生涯中的关
键研讨班,值得反复阅读。这是一篇极其丰富的文本,塞满了拉
康在其学术生涯的后半段将一再返回的思想与阐述。在无意
识、转移、冲动与主体等精神分析的基本概念上,拉康使他自己
的著述区别于正统的弗洛伊德主义。他还开始重新阐释了很多
自己的早期概念,并系统阐述了被我们现在认为是特别拉康派
的精神分析理论。最重要的是,拉康强调"冲动"的核心性乃是
精神分析的区分性特征。他重新阐述了自己对主体的理解——
从能指的主体到冲动的主体——并且以异化与分离取代了隐喻
和换喻等语言学的术语。拉康还发展出了涉及眼睛与目光之间
的分裂的"对象小 *a*"的概念——亦即欲望的对象—原因以及实

132

1　"不要在你的欲望上让步"(ne céder pas sur ton désir)这句话往往在国内学界被
　　错误地译作"不要向你的欲望让步",从而导致了一定程度上的理解困
　　难。——译者注

在界的剩余物。最后,该研讨班还发展了"转移"的概念——被联系于"假设知道的主体"(subject supposed to know)。

——(1975) *Le Séminaire*, *Livre* XX : *Encore*, *1972—1973*, Paris: Editions du Seuil(English version, *The Seminar of Jacques Lacan*, *Book* XX : *Encore*, *On Feminine Sexuality*, *The Limits of Love and Knowledge 1972—1973*, ed. J.-A. Miller, trans. B. Fink, New York: Norton, 1998).

《研讨班第 XX 册:再来一次,1972—1973》(*Le Séminaire*, *Livre* XX : *Encore*, *1972—1973*)。《研讨班 XX》是拉康论及女性性欲的主要著作。特别是,他探究了其早期阳具理论中所没有的女性欲望的问题。该研讨班的篇幅简短,只有十一讲,其中很多都是相当神秘和充满格言的,而且必须结合《研讨班 VII》中有关典雅爱情的讨论和《研讨班 XI》中有关享乐与冲动的阐述来阅读。《研讨班 XX》还发展了"女人不存在"与"女人并非全部"的思想,但是除了关于女性性欲的讨论,它还考虑了"享乐"与爱情之间的关系,提出了"享乐"是人类知识的终极界限的思想。

关于拉康的著作

正如我在上文中所指出的那样,如今进入拉康文本的最好方式是通过针对主要研讨班的一系列《阅读》,这套丛书在最近几年里相继问世。它不应代替研讨班,而应配合研讨班来阅读,尤其是因为它们并非是"解读本"——因为在某种意义上,它们并未对这些研讨班给出一种系统的说明——而是详细阐述了每本研讨班核心论题的论文集。随着一定数量的英文研讨班的出版,这套丛书肇始于一批巴黎的杰出拉康派分析家反对盎格鲁—撒克逊学术界对于拉康的误读。就此而言,我们应当谨记的是,这些论文集试图对拉康建立起一种"正统"的阅读,并且常常还根据其后期著作而涉及某种对拉康的回溯性阐述。因此,对于当前可见于英文的诸多拉康的概念,这些论文集便涵盖了一些最简明易懂——也是最不晦涩难懂——的介绍。

Feldstein, R., Fink, B. And Jaanus, M. (eds) (1995) *Reading Seminar XI：Lacan's Four Fundamental Concepts of Psychoanalysis*, New York：SUNY Press.

《阅读研讨班 XI：拉康的精神分析的四个基本概念》(*Reading Seminar XI：Lacan's Four Fundamental Concepts of Psychoanalysis*)。本书开始于米勒的一篇背景性导论,并结束于拉康在 1964 年撰写的《无意识的位置》(The Position of the Unconscious,见：1995)一文。埃里克·洛朗(Eric Laurent)关于《异化与分离》(alienation and separation)的那些文章有时候可能有点令人困惑——倘若我们不熟悉拉康的某些概念的话——但它们却也都是一些有益的导读。索莱尔(Colette Soler)关于《主体与他者》(subject and Other)的两篇文稿也像她所有的作品一样清晰易懂。玛丽-海伦娜·布鲁斯(Marie-Hélène Brousse)关于冲动的文章也有助于澄清这个艰涩的概念。《阅读研讨班 XI》同样有着一些文化的强调。安东尼奥·奎奈(Antonio Quinet)在《目光与对象 a》(The Gaze and Object *a*)的部分对这些概念提供了一篇很好的介绍,紧随其后的是这些概念在不同领域的一系列应用,例如：理查德·费尔德斯坦(Richard Feldsetin)将其应用于文学领域,汉卓·布雷塞姆(Hanjo Berressem)与罗伯特·萨缪尔斯(Robert Sameuls)将其应用于艺术领域,齐泽克则将其应用于电影领域。临床的部分则仅限于安娜·杜南德(Anne Dunand)的两篇论文,涉及有关分析"结束"的争议性问题。

Feldstein, R., Fink, B. And Jaanus, M. (eds) (1996) *Reading Seminar I and II: Lacan's Return to Freud*, New York: SUNY Press.

《阅读研讨班 I 与 II:拉康的回到弗洛伊德》(*Reading Seminar I and II:Lacan's Return to Freud*)。本书遵循了与《阅读研讨班XI》同样的版式,涵盖了米勒把拉康早期研讨班及其哲学取向置于背景来考虑的三篇绝佳的简介。紧随其后的是柯莱特·索莱尔(Colette Soler)论及象征界、转移与解释的几篇清晰简明的文章。本书还包括了一些文章,涉及想象界与实在界以及俄狄浦斯情结,主体与他者,还有拉康对列维-斯特劳斯的债务等。本书还有一个临床见解的部分,处理了诸如癔症、强迫症、变性、恋物癖与倒错等问题。在本书中,拉康思想的文化蕴涵只在玛丽·亚努斯(Marie Jaanus)的《一种憎恨的文明》(A Civilization of Hatred)、芬克就逻辑时间(logical time)撰写的文章、文森特·帕罗美拉(Vincente Palomera)有关伦理学的文章以及齐泽克对黑格尔与拉康的讨论中有一些外围的触及。《阅读研讨班 I 与 II》结束于拉康的《论弗洛伊德的"冲动"与精神分析家的欲望》(On Freud's Trieb and the Psychoanalyst's Desire)一文的最早英译本,并有一篇米勒对该文的评论。

Barnard, S. and Fink, B. (eds) (2002) *Reading Seminar XX: Lacan's Major Work on Love, Knowledge, and Feminine Sexuality*,

Albany,New York:SUNY Press.

《阅读研讨班 XX:拉康关于爱情、知识与女性性欲的主要
著作》(*Reading Seminar XX*:*Lacan's Major Work on Love,Knowl-
edge,and Feminine Sexuality*)。本书是该系列丛书中最新近的一
本,并且与前两本有着略微的不同,因为它没有米勒的导论,也
没有拉康文章的全新翻译。然而,我们却从中发现了一些熟悉
的名字:索莱尔论《科学辞说中的癔症》(Hysteria in Scientific
Discourse)与性别差异;芬克论《知识与享乐》(Knowledge and
Jouissance);齐泽克论《性别差异的实在界》(The Real of Sexual
Difference);还有蕾娜塔·莎乐克(Renata Salecl)论《爱的焦虑》
(Love Anxieties);以及保罗·沃黑赫(Paul Verhaeghe)一篇题为
《拉康对经典心身僵局的回答》(Lacan's Answer to the Mind／
Body Deadlock)的文章。或许,作为对拉康《再来一次》研讨班
的简要反思,本书只涵盖了九篇文章,而且其中的两三篇还是极
其简短的,但是由于苏珊娜·巴纳德(Sussanne Barnard)提供的
杰出导论,对于任何想要试图理解拉康后期这一玄奥莫测的研
讨班的人来说,本书也的确是一本基础读物。

关于拉康的导论

在过去 20 年里,从不同的视角、学科与共鸣之中相继问世
了多本关于拉康的导论。在此,我将仅仅指出那些非临床性的
导论,我觉得它们对理解拉康而言是最有帮助的。至于拉康著
作的延伸文献目录,见:迈克尔·克拉克(Michael Clark 1998)的
《雅克·拉康:附注参考书目》(*Jacques Lacan*:*An Annotated Bib-
liography*,New York:Garland,2 vols.)。

Benvenuto, B. And Kennedy, R. (1986) *The Works of Jacques Lacan*:*An Introduction*, New York:St Martin's Press.

《雅克·拉康的著作:导论》(*The Works of Jacques Lacan*:*An Introduction*)。就目前而言,该书是一本相当老旧的导论,但是作为对英文版《书写》的章回体导读,它还是颇有帮助的,而且相比于 20 世纪 80 年代的大部分导读,它也是更经得起考验的。本书非常通俗易懂,而且身为分析家的作者们也从未受到诱惑,去把拉康那里的一切归结为语言。本书的最后一章还涉及《再来一次》。如果你们此前没有阅读过任何有关拉康的作品,那么比起大多数的导论,本书会是一个很好的起点。

135   Evans, D. (1996) *An Introductory Dictionary of Lacanian Psychoanalysis*, London:Routledge.

《拉康派精神分析介绍性辞典》[1](*An Introductory Dictionary of Lacanian Psychoanalysis*)。埃文斯在此为我们给出的远胜于一部单纯的辞典,他不但提供了拉康主要概念的语境和背景,而且还追溯了这些概念的各种扭曲与流变。对于任何研究拉康的人而言,这都是一部基本的参考性著作。

Fink, B. (1995) *The Lacanian Subject*:*Between Language and Jouissance*, Princeton, NJ:Princeton University Press.

《拉康式主体:在语言与享乐之间》(*The Lacanian Subject*:*Between Language and Jouissance*)。芬克的导论绝非是易于阅读的,但是到目前为止,它是当前可用到的最好的拉康导论。本书

---

1   本书已由重庆大学出版社引进。——编者注

被划分为四个部分,并顾及了拉康对于结构、主体、对象与精神分析辞说的理解。

Nobus, D. (1998) *Key Concepts of Lacanian Psychoanalysis*, London: Rebus Press.

《拉康精神分析的关键概念》(*Key Concepts of Lacanian Psychoanalysis*)。这本论文集涵盖了很多有用的猜想,例如芬克论及拉康的四大辞说,以及齐泽克论及幻想等。它有几个非常易懂的章节,包括:沃黑赫论及拉康的主体、诺布斯论及镜子阶段、卢克·瑟斯顿(Luke Thurston)围绕博罗米结论及拉康后期略显疯狂的思想,以及迪伦·埃文斯(Dylan Evans)论及拉康的伦理学,拉塞尔·格里格论及排除,还有卡特林·利伯布莱切特(Katrien Libbrecht)论及欲望与分析家,等等。每篇文章都追溯了这些核心概念从拉康早期到晚期的发展。

Roudinesco, E. (1993) *Jacques Lacan: Esquisse d' une vie, histoire d' un système des pensée*, Paris: Librairie Authème Fayard. (English version, *Jacques Lacan: An Outline of a Life and a History of a System of Thought*, trans. B. Bray, Cambridge: Polity Press, 1999).

《雅克·拉康:生活的梗概与思想体系的历史》(*Jacques Lacan: Esquisse d' une vie, histoire d' un système des pensée*)。作为鲁迪奈斯库丰碑性著作的三卷本《法国精神分析史》中的第二卷,本书基本上是比较具有亲和力的。鲁迪奈斯库认为拉康是天才,但同时又自恋、独裁且野心勃勃。作为一位学者和受过训练的精神分析家,鲁迪奈斯库可以自如地从解释复杂的精神分析概念转向说明拉康同样复杂的私人生活。这本 500 多页的书似乎是让人望而却步的,但是它读起来却通顺流畅,而且大量的附录——囊括了拉康出版物与各大精神分析协会等的大量历史信息——也是极其有益的。值得一提的是,以米勒为首的"正统"拉康派对本书厌恶至极。

136   拉康与文化理论

Adams, P. (1996) *The Emptiness of the Image*: *Psychoanalysis and Sexual Differences*, London: Routledge.

《形象的虚空:精神分析与性别差异》(*The Emptiness of the Image*: *Psychoanalysis and Sexual Differences*)。对于精神分析在文化分析中的应用,以及拉康派针对女性主义批评而对性别差异的理解,这部文集呈现了一种持续的论证。本书简洁明晰,亚当斯展开了拉康的对象 *a* 与实在界概念,以分析艺术家玛丽·凯利(Mary Kelly)、表演艺术家奥兰(Orlan)、画家弗朗西斯·培根(Francis Bacon)等人的作品,以及迈克尔·鲍威尔(Michael Powell)的电影《偷窥狂》(*Peeping Tom*, 1960),还有黛拉·格蕾丝(Della Grace)对"选替"性征(alternative sexualities)的表现。亚当斯的著作决非是介绍性的,但是它却示范了拉康的精神分析如何可以被应用于对再现的批判(critique of representation)。

Brooks, P. (1992) *Reading for the Plot*: *Design and Intention in Narrative*, Cambridge, MA: Harvard University Press.

《阅读情节:叙事中的设计与意图》(*Reading for the Plot*: *Design and Intention in Narrative*)。本书收录了布鲁克斯的经典论文《弗洛伊德的主要情节:一种叙事模型》(Freud's Masterplot:

A Model for Narrative)。布鲁克斯把弗洛伊德的《超越快乐原则》看作一种叙事建构(narrative construction)的模型,从而发展出了一种有关读者与文本关系的动力学模型,这种关系被他称作是一种"文本的色情"(erotics of the text)。继而,布鲁克斯在对司汤达、狄更斯、福楼拜、康拉德以及福克纳的阅读中展开了这一模型。同样,布鲁克斯还把弗洛伊德的"狼人"个案研究当作是一篇现代主义写作的范文。

Copjec, J. (1994) *Read My Desire: Lacan Against the Historicists*, Cambridge, MA: MIT Press.

《阅读我的欲望:拉康反历史主义者》(*Read My Desire: Lacan Against the Historicists*)。在这部令人印象深刻同时又相当艰涩的文集中,柯普耶克针对米歇尔·福柯的话语(discourse)和历史主义(historicism)观念提供了一种持续的批判。本书涵盖了柯普耶克的很多最著名的文章,包括:《正精神的主体:电影理论与接纳拉康》(The Orthopsychic Subject: Film Theory and the Reception of Lacan)以及《性别与理性的安乐死》(Sex and the Euthanasia of Reason),她在前文中挑战了电影理论所采纳的主体概念,而在后文中则批判了朱迪斯·巴特勒对拉康的解读和对性别的话语建构。

Cowie, E. (1997) *Representing the Woman: Cinema and Psychoanalysis*, London: Macmillan.

《表征女人:电影与精神分析》(*Representing the Woman: Cinema and Psychoanalysis*)。作为一部400多页的晦涩文本,考伊的书并非拉康派电影理论的一部简单导论,但是考伊从一开始

就在从事该领域的研究工作,而本书则汇集了她三十多年来的
研究成果。就其本身而言,它处理了从 20 世纪 70 年代的装置
理论家一直到当前有关幻想、对象 a 与实在界的争论等精神分
析电影理论的一系列核心论点。考伊总是会回到弗洛伊德那里
来根植拉康的概念,同时他还总是会给出一些具体的电影分析
的例子。本书不是一部让读者能坐下来一口气读完的作品,但
是对于理解精神分析电影理论的发展而言,它却是必不可少的。

Derrida, J. (1987) *The Post Card: From Socrates to Freud and Be-yond*, trans. A. Bass, Chicogo, IL: University of Chicago Press.

　　《明信片:从苏格拉底到弗洛伊德及其后继者》(*The Post Card: From Socrates to Freud and Beyond*)。德里达对弗洛伊德《超越快乐原则》的解读可谓是一项绝对的创举;同时它也是一篇相当才华横溢的文本分析。本书还包括了德里达与拉康最持久的交锋,他在《真理的供应商》一文中揭示了《坡研讨班》的关键其实在于阳具的意义与女性性欲之谜。这是德里达的全盛时期的著作。

Grosz, E. (1990) *Jacques Lacan: A Feminist Introduction*, London: Routledge.

　　《雅克·拉康:一部女性主义导读》(*Jacques Lacan: A Feminist Introduction*)。很多年来,格罗兹的文本都提供了对于拉康性别差异理论的标准导论。正统拉康派们往往认为本书对拉康在英美学界中的误读负有责任。本书通俗易懂,读者可以自行决断。

Muller, J.P. and Richardson, W.J.(eds)(1988) *The Purloined Poe: Lacan, Derrida, and Psychoanalytic Reading*, Baltimore, MD: Johns Hopkins University Press.

《失窃的坡：拉康、德里达与精神分析的阅读》(*The Purloined Poe: Lacan, Derrida, and Psychoanalytic Reading*)。这本令人着迷的文集汇集了拉康与雅克·德里达这两位后结构主义理论巨匠之间的交流。本书开始于爱伦·坡的短篇小说《失窃的信》，接着是拉康关于坡的研讨班，然后是德里达对拉康的批判。然而，本书还包括了由这一交流所产生的丰富的相关材料，尤其是芭芭拉·约翰逊(Barbara Johnson)杰出的评价性文章《参照框架：坡、拉康、德里达》(The Frame of Reference: Poe, Lacan, Derrida)。对于理解拉康派精神分析与德里达式"解构"之间的复杂关系而言，本书是一个基本的出发点。

Parkin-Gounelas, R.(2001) *Psychoanalysis and Literature: Intertextual Readings*, London: Palgrave.

《精神分析与文学：互文性阅读》(*Psychoanalysis and Literature: Intertextual Readings*)。严格地讲，帕金-古尼拉斯的书并非是拉康派的，但是它却胜过很多以文学例子为基础的领域中的文本。帕金-古尼拉斯借由约翰·米尔顿、乔治·艾略特、维吉尼亚·伍尔夫、布拉姆·斯托克以及西尔维娅·普拉斯等不同的作家来探究像镜子阶段、象征界、卑贱、癔症、乔装、对象 *a* 与死亡冲动等一系列的概念，这是一部有关如何进行精神分析式阅读的绝佳导论。

Rabaté, J.-M.(2001) *Jacques Lacan*, London: Palgrave.

《雅克·拉康》(*Jacques Lacan*)。拉巴特并未打算给我们提供一些拉康式的文本解读，而是着手建立了一套拉康的文学理论。拉巴特探究了拉康对一些特定作者(从莎士比亚，经由安德烈·纪德与萨德侯爵，到詹姆斯·乔伊斯)的解读及其有关悲剧与典雅爱情的著作。对于拉康的文学解读而言，这是一本极其有用的入门书，而且在书后还提供了很好的附注参考书目。

Rose, J. (1996) *Sexuality in the Field of Vision*, London: Verso.

《视觉领域中的性欲》(*Sexuality in the Field of Vision*)。虽然本书中收录的文章现在看来可能有点过时了，但是其中包括的许多介于精神分析、女性主义与政治学之间的报告，却都是具有里程碑意义的文本。罗斯一直都是尖锐且富有洞见的，如果读者想要了解某种女性主义的精神分析政治学是如何发展起来的，那么这些文本就是基本的读物。

Vice, S. (ed.) (1996) *Psychoanalytic Criticism: A Reader*, Cambridge: Polity Press.

《精神分析批评读本》(*Psychoanalytic Criticism: A Reader*)。这本有用的论文集节选了一些精神分析家与当代精神分析批评的最重要的著作。彼得·尼科尔斯(Peter Nicholls)根据弗洛伊德的"事后性"(nachträglichkeit)或"延迟作用"(deferred action)，对托尼·莫里森(Toni Morrison)的《心上人》(*Beloved*)提供了一篇范例式的解读。维斯还对每一篇节选的文章提供了有用的背景介绍。

Wright, E. (1999) *Speaking Desires Can Be Dangerous: The Poetics* of *The Unconscious*, Cambridge: Polity Press.

《言说欲望可能是危险的：无意识的诗学》(*Speaking Desires Can Be Dangerous: The Poetics of The Unconscious*)。因为赖特同时着手文学与临床的文本，从而使本书不同于其他精神分析批评的著作。作为一位受过训练的分析家，赖特以临床的眼光来解读文学和电影——莎士比亚、罗伯特·库弗、基耶斯洛夫斯基，同时以文学的眼光来解读临床材料——弗洛伊德、拉康、克里斯特娃、比昂。其中"何为辞说？"一章对拉康"辞说"概念提供了一篇跟你们可以就此找到的其他导论一样好的介绍。

Žižek, S. (1992) *Looking Awry: An Introduction to Jacques Lacan Through Popular Culture*, Cambridge, MA: MIT Press.

139

《斜目而视：透过通俗文化看拉康》(*Looking Awry: An Introduction to Jacques Lacan Through Popular Culture*)。在齐泽克的众多书籍(至少一年两本)中，我们很难选择一本放到这里来推荐。《意识形态的崇高客体》(*The Sublime Object of Ideology*, 1989)涵盖了他大多数的成熟思想，而《停留于否定》(*Tarrying with the Negative*, 1993)则对他的哲学、政治学与精神分析的背景提供了一个持续的反思，但是《斜目而视》却无疑是他最通俗且最易懂的作品。本书第一部分对诸如幻想、对象 *a* 与实在界等拉康的概念提供了一份非常清晰易懂的说明。第二部分对希区柯克展开了一篇极好的拉康派分析，第三部分则提供一种对后现代性的批判。这是一部非常具有娱乐性的拉康导论，它或许会令你成为齐泽克的终身粉丝。

Žižek, S. (2001) *The Fright of Real Tears: Krzysztof Kiéslowski Be-*

tween Theory and Post -Theory, London: BFI Publising.

《真实眼泪的恐怖:介于理论与后理论之间的基斯洛夫斯基》(*The Fright of Real Tears: Krzysztof Kiéslowski Between Theory and Post-Theory*)。由于琼·柯普耶克(Joan Copjec)与齐泽克本人所从事的拉康派电影理论在电影研究的学科内部遭受了严重的批判,于是在本书中,齐泽克便对此发起了一场激昂的捍卫。齐泽克极具说服力地表明,有关拉康派电影研究的很多批评都是建立在对拉康思想的严重歪曲的基础之上的,接着他又给我们特别提供了一份对波兰导演基耶斯洛夫斯基的解读。虽然这并不会说服电影学系中的批评家们,但是却澄清了一些关键的概念,诸如"缝合"(sature)与"圣状"(sinthome)等。

网站资源

http://www.lacan.com

在线期刊《拉康派墨水》(*Lacanian Ink*)提供了当代拉康研究中最为有趣与最为时新的一些作品。此外,由雅克-阿兰·米勒主编的电子期刊《症状》(*The Symptom*)也收录了一些非常出色的文章。

参考文献

拉康原著

——(1938) 'La famille', in *Encyclopédie française*, Paris: Larousse.

——(1975 [1932]) *De la psychose paranoïaque dans ses rapports avec la personnalité* , Paris: Seuil.

——(1977a [1949]) 'The Mirror Stage as Formative of the Function of the I as Revealed in Psychoanalytic Experience', in *Écrits*: *A Selection*, trans. A. Sheridan, London: Routledge/Tavistock, pp. 1-7.

——(1977b [1956]) 'The Function and Field of Speech and Language in Psychoanalysis', in *Écrits*: *A Selection*, trans. A. Sheridan, London: Routledge/Tavistock, pp. 30-113.

——(1977c [1957]) 'The Agency of the Letter in the Unconscious or Reason Since Freud', in *Écrits*: *A Selection*, trans. A. Sheridan, London: Routledge/Tavistock, pp. 146-78.

——(1977d [1958]) 'The Signification of the Phallus', in *Écrits: A Selection*, trans. A. Sheridan, London: Routledge/Tavistock, pp. 281-91.

——(1977e [1960]) 'The Subversion of the Subject and the Dialectic of Desire in the Freudian Unconscious', in *Écrits: A Selection*, trans. A. Sheridan, London: Routledge/Tavistock, pp. 292-325.

——(1979 [1973]) *The Seminar of Jacques Lacan, Book XI: The Four Fundamental Concepts of Psychoanalysis 1964—1965*, ed. J.-A. Miller, trans. A. Sheridan, Harmondsworth: Penguin.

——(1982 [1959]) 'Desire and the Interpretation of Desire in *Hamlet*', trans. J. Hulbert, in S. Felman (ed.) *Literature and Psychoanalysis, The Question of Reading: Otherwise*, Baltimore, MD: The Johns Hopkins University Press, pp. 11-52.

——(1988a [1975]) *The Seminar of Jacques Lacan, Book I: Freud's Papers on Technique 1953—1954*, ed. J.-A. Miller, trans. J. Forrester, Cambridge: Cambridge University Press.

——(1988b [1978]) *The Seminar of Jacques Lacan, Book II: The Ego in Freud's Theory and in the Technique of Psychoanalysis 1954—1955*, ed. J.-A. Miller, trans. S. Tomaselli, Cambridge: Cambridge University Press.

——(1988c [1956]) 'Seminar on *The Purloined Letter*', trans. J. Mehlman, in J.P. Muller and W.J. Richardson (eds) *The Purloined Poe: Lacan, Derrida and Psychoanalytic Reading*, Baltimore, MD: The Johns Hopkins University Press, pp. 28-54.

——(1990 [1974]) *Television: A Challenge to the Psychoanalytic Establishment*, ed. J. Copjec, trans. D. Hollier, R. Krauss, A. Michelson and J. Mehlman, New York: Norton.

——(1992 [1986]) *The Seminar of Jacques Lacan*, *Book VII*: *The Ethics of Psychoanalysis 1959—1960*, ed. J.-A. Miller, trans. D. Porter, London: Routledge.

——(1993 [1981]) *The Seminar of Jacques Lacan*, *Book III*: *The Psychoses 1955—1956*, ed. J.-A. Miller, trans. R. Grigg, London: Routledge.

——(1995 [1964]) 'Position of the Unconscious', trans. B. Fink, in R. Feldstein, B. Fink and M. Jaanus (eds) *Reading Seminar XI*: *Lacan's Four Fundamental Concepts of Psychoanalysis*, New York: SUNY Press, pp. 259-82.

——(1998 [1975]) *The Seminar of Jacques Lacan*, *Book XX*: *Encore*, *On Feminine Sexuality*, *The Limits of Love and Knowledge 1972— 1973*, ed. J.-A. Miller, trans. B. Fink, New York: Norton.

二手文本

Adams, P. (1996a) 'Operation Orlan', in *The Emptiness of the Image*: *Psychoanalysis and Sexual Differences*, London: Routledge, pp. 141-59.

——(1996b) 'Waiving the Phallus', in *The Emptiness of the Image*: *Psychoanalysis and Sexual Differences*, London: Routledge, pp. 49-56.

Adams, P. and Cowie, E. (eds) (1990) *The Woman in Question*, London: Verso.

Althusser, L. (1984a [1964]) 'Freud and Lacan', in *Essays on Ideology*, London: Verso, pp. 141-71.

——(1984b [1971]) 'Ideology and Ideological State Apparatuses

(Notes Towards an Investigation)', in *Essays on Ideology*, London: Verso, pp. 1-60.

Appignanesi, L. and Forrester, J. (1993)*Freud's Women*, London: Virago.

Badiou, A. (2002)*Ethics: An Essay on the Understanding of Evil*, trans. P. Hallward, London: Verso.

Barnard, S. and Fink, B. (eds) (2002)*Reading Seminar XX: Lacan's Major Work on Love, Knowledge, and Feminine Sexuality*, Albany, NY: SUNY Press.

Barthes, R. (1977a [1966]) 'Introduction to the Structural Analysis of Narrative', in *Image, Music, Text*, trans. S. Heath, London: Fontana Press, pp. 79-124.

——(1977b [1968]) 'The Death of the Author', in *Image, Music, Text*, trans. S. Heath, London: Fontana Press, pp. 142-8.

——(1984 [1980]) *Camera Lucida*, London: Flamingo.

——(1985 [1967]) *The Fashion System*, trans. M. Ward and R. Howard, New York: Hill and Wang.

——(1990 [1973]) *The Pleasure of the Text*, trans. R. Miller, Oxford: Basil Blackwell.

Baudry, J.-L. (1974—5) 'Ideological Effects of the Basic Cinematographic Apparatus', trans. A. Williams, *Film Quarterly*, 28(2): 39-47.

Benvenuto, B. and Kennedy, R. (1986)*The Works of Jacques Lacan: An Introduction*, New York: St Martins Press.

Bhabha, H.K. (1994)*The Location of Culture*, London: Routledge.

Brennan, T. (ed.) (1989)*Between Feminism and Psychoanalysis*, London: Routledge.

Brooks, P. (1987) 'The Idea of a Psychoanalytic Literary Criticism', in S. Rimmon-Kenan (ed.) *Discourse in Psychoanalysis and Literature*, London: Methuen, pp. 1-18.

——(1992) *Reading for the Plot: Design and Intention in Narrative*, Cambridge, MA: Harvard University Press.

Burgin, V. (1986) 'Re-reading *Camera Lucida*', in *The End of Art Theory: Criticism And Postmodernity*, London: Macmillan, pp. 71-92.

Butler, J. (1993) *Bodies That Matter: On the Discursive Limits of Sex*, London: Routledge.

Castoriadis, C. (1987)*The Imaginary Constitution of Society*, trans. K. Blamey, Cambridge: Polity Press.

Clark, M. (1998)*Jacques Lacan: An Annotated Bibliography*, 2 vols, New York: Garland.

Copjec, J. (1994a) 'Sex and the Euthanasia of Reason', in *Read My Desire: Lacan Against the Historicists*, Cambridge, MA: MIT Press, pp. 201-36.

——(1994b) 'The Orthopsychic Subject: Film Theory and the Reception of Lacan', in *Read My Desire: Lacan Against the Historicists*, Cambridge, MA: MIT Press, pp. 15-38.

Cowie, E. (1990) 'Fantasia', in P. Adams and E. Cowie (eds) *The Woman in Question*, London: Verso, pp. 149-96.

——(1997) *Representing the Woman*: *Cinema and Psychoanalysis*, London: Macmillan.

Derrida, J. (1987) *The Post Card*: *From Socrates to Freud and Beyond*, trans. A. Bass, Chicago, IL: University of Chicago Press.

Descartes, R. (1968 [1642])*Discourse on Method and the Mediations*, trans. F.E. Sutcliffe, Harmondsworth: Penguin.

Eagleton, T. (1983)*Literary Theory*: *An Introduction*, Oxford: Basil Blackwell.

Elliott, A. (1998)*Social Theory and Psychoanalysis in Transition*: *Self and Society from Freud to Kristeva*, Oxford: Basil Blackwell.

Evans, D. (1996)*An Introductory Dictionary of Lacanian Psychoanalysis*, London: Routledge.

Feldstein, R., Fink, B. and Jaanus, M. (eds) (1995)*Reading Seminar XI*: *Lacan's Four Fundamental Concepts of Psychoanalysis*, New York: SUNY Press.

——, ——and ——(1996)*Reading Seminars I and II*: *Lacan's Return to Freud*, New York: SUNY Press.

Feldstein, R., Fink, B. and Jaanus, M. (eds)

Felman, S. (ed.) (1982)*Literature and Psychoanalysis*, *The Question of Reading*: *Otherwise*, Cambridge, MA: Harvard University Press.

Fink, B. (1995)*The Lacanian Subject*: *Between Language and Jouissance*, Princeton, NJ: Princeton University Press.

——(2002) 'Knowledge and Jouissance', in S. Barnard and B. Fink (eds) *Reading Seminar XX: Lacan's Major Work on Love, Knowledge, and Feminine Sexuality*, New York: SUNY Press, pp. 21-45.

Freud, S. (1954 [1895]) 'Project for a Scientific Psychology', reprinted in *The Standard Edition of the Complete Psychological Works of Sigmund Freud*, vol. I, trans. James Strachey, London: Hogarth Press and Institute of Psychoanalysis, pp. 281-392.

——(1984a [1923]) *The Ego and the Id*, in *On Metapsychology: The Theory of Psychoanalysis*, Penguin Freud Library, vol. 11, Harmondsworth: Penguin, pp. 339-408.

——(1984b [1920]) *Beyond the Pleasure Principle*, in *On Metapsychology: The Theory of Psychoanalysis*, Penguin Freud Library, vol. 11, Harmondsworth: Penguin, pp. 269-338.

——(1984c [1915]) 'Instincts and Their Vicissitudes', in *On Metapsychology: The Theory of Psychoanalysis*, Penguin Freud Library, vol. 11, Harmondsworth: Penguin, pp. 105-38.

——(1984d [1917]) 'Mourning and Melancholia', in *On Metapsychology: The Theory of Psychoanalysis*, Penguin Freud Library, vol. 11, Harmondsworth: Penguin, pp. 245-68.

——(1991a [1900]) *The Interpretation of Dreams*, Penguin Freud Library, vol. 4, Harmondsworth: Penguin.

——(1991b [1901]) *The Psychopathology of Everyday Life*, Penguin Freud Library, vol. 5, Harmondsworth: Penguin.

——(1991c [1905]) *Jokes and Their Relation to the Unconscious*, Penguin Freud Library, vol. 6, Harmondsworth: Penguin.

——(1991d [1905]) *Three Essays on the Theory of Sexuality*, in *On*

Sexuality, Penguin Freud Library, vol. 7, Harmondsworth: Penguin, pp. 31-169.

——(1991e [1923]) 'The Infantile Genital Organization (An Interpolation into the Theory of Sexuality)', in *On Sexuality*, Penguin Freud Library, vol. 7, Harmondsworth: Penguin, pp. 303-12.

——(1991f [1930]) *Civilization and Its Discontents*, in *Civilization, Society and Religion*, Penguin Freud Library, vol. 12, Harmondsworth: Penguin, pp. 243-340.

——(1991g [1913]) *Totem and Taboo*, in *The Origins of Religion*, Penguin Freud Library, vol. 13, Harmondsworth: Penguin, pp. 43-224.

Grosz, E. (1990) *Jacques Lacan: A Feminist Introduction*, London: Routledge.

Heath, S. (1986) 'Joan Reviere and the Masquerade', in V. Burgin, J. Donald and C. Kaplan (eds) *Formations of Fantasy*, London: Routledge, pp. 45-61.

Irigaray, L (1985a [1974]) *Speculum of the Other Woman*, trans. C. Porter, Ithaca, NY: Cornell University Press.

——(1985b [1977]) *This Sex Which is Not One*, trans. C. Porter, Ithaca, NY: Cornell University Press.

——(1991) 'The Poverty of Psychoanalysis', in M. Whitford (ed.) *The Irigaray Reader*, Oxford: Blackwell, pp. 79-104.

Iversen, M. (1994) 'What is a Photograph?', *Art History*, 17 (3): 450-63.

Jones, E. (1927) 'Early Development of Female Sexuality', *International Journal of Psycho-Analysis*, 8: 459-72.

——(1949) *Hamlet and Oedipus*, London: Victor Gollancz.

Kristeva, J. (1984 [1974]) *Revolution in Poetic Language*, trans. L.S. Roudiez, New York: Columbia University Press.

Laclau, E. (1990) *New Reflections on the Revolution of Our Time*, London: Verso.

Laclau, E. and Mouffe, C. (1985) *Hegemony and Socialist Strategy: Towards a Radical Democratic Politics*, London: Verso.

Laplanche, J. and Leclaire, S. (1972 [1965]) 'The Unconscious: A Psychoanalytic Study', *Yale French Studies*, 48: 118-78.

Laplanche, J. and Pontalis, J.-B. (1986 [1968]) 'Fantasy and the Origins of Sexuality', in V. Burgin, J. Donald and C. Kaplan (eds) *Formations of Fantasy*, London: Routledge.

Lévi-Strauss, C. (1966) 'The Culinary Triangle' in *New Society*, December 22 (221): 937-40.

——(1969 [1949]) 'The Elementary Structures of Kinship', trans. J. H. Bell and J.R. von Sturmer, Boston, MA: Deacon Press.

McGowan, T. and Kunkle, S. (eds) (2004) *Lacan and Contemporary Film*, New York: The Other Press.

Metz, C. (1982) *Psychoanalysis and Cinema: The Imaginary Signifier*, London: Macmillan.

Miller, J.-A. (1996) 'An Introduction to Seminars I and II', in R.

Feldstein, B. Fink and M. Jaanus (eds) *Reading Seminars I and II*: *Lacan's Return to Freud*, New York: SUNY Press, pp. 3-35.

Millet, K. (1977 [1969]) *Sexual Politics*, London: Virago.

Mitchell, J. and Rose, J. (eds) (1982) *Feminine Sexuality*: *Jacques Lacan and the Ecole Freudienne*, London: Routledge.

Moi, T. (1985) *Sexual/Textual Politics*: *Feminist Literary Theory*, London: Routledge.

Mouffe, C. (1990) 'The Legacy of *m/f*', in P. Adams and E. Cowie (eds) *The Woman in Question*, London: Verso, pp. 3-5.

——(1993) *The Return of the Political*, London: Verso.

Muller, J.P. and Richarson, W.J. (eds) (1988) *The Purloined Poe*: *Lacan*, *Derrida and Psychoanalytic Reading*, *Baltimore*, MD: Johns Hopkins University Press.

Mulvey, L. (1975) 'Visual Pleasure and Narrative Cinema', *Screen*, 16 (3): 6-18.

Nobus, D. (1998) 'Life and Death in the Glass: A New Look at the Mirror Stage', in D. Nobus (ed.) *Key Concepts of Lacanian Psychoanalysis*, London: Rebus Press, pp. 101-38.

Parkin-Gounelas, R. (2001) *Psychoanalysis and Literature*: *Intertextual Readings*, London: Palgrave.

Penley, C. (1989) 'Feminism, Film Theory, and Bachelor Machines', in *The Future of an Illusion*: *Film*, *Feminism and Psychoanalysis*, London: Routledge.

Rabaté, J.-M. (2001) *Jacques Lacan*, London, Palgrave.

Ragland-Sullivan, E. (1995) *Essays on the Pleasures of Death: From Freud to Lacan*, London: Routledge.

Riviere, J. (1986 [1929]) 'Womanliness as a Masquerade', in V. Burgin, J. Donald and C. Kaplan (eds) *Formations of Fantasy*, London: Routledge, pp. 35-44.

Rose, J. (1996a) 'Feminine Sexuality: Jacques Lacan and the *École Freudienne*', *in Sexuality in the Field of Vision*, London: Verso, pp. 49-81.

——(1996b) 'The Cinematic Apparatus: Problems in Current Theory', in *Sexuality in the Field of Vision*, London: Verso, pp. 199-213.

——(1996c) 'Femininity and its Discontents', in *Sexuality in the Field of Vision*, London: Verso, pp. 83-103.

Roudinesco, E. (1999) *Jacques Lacan: An Outline of a Life and a History of a System of Thought*, trans. B. Bray, Cambridge: Polity Press.

Salecl, R. (2002) 'Love Anxieties', in S. Barnard and B. Fink (eds) *Reading Seminar XX: Lacan's Major Work on Love, Knowledge, and Feminine Sexuality*, New York: SUNY Press, pp. 93-98.

Salecl, R. and Žižek, S. (eds) (1996) *Gaze and Voice as Love Objects*, Durham: Duke University Press.

Sartre, J.-P. (1972) *Transcendence of the Ego: An Existentialist Theory of Consciousness*, New York, Octagon Books.

Saussure, F. de (1983 [1916]) *Course in General Linguistics*, trans. R.

Harris, La Salle, IL: Open Court.

Soler, C. (1995a) 'The Subject and the Other (II)', in R. Feldstein, B. Fink and M. Jaanus (eds) *Reading Seminar XI: Lacan's Four Fundamental Concepts of Psychoanalysis*, New York: SUNY Press, pp. 45-53.

——(1995b) 'The Body in the Teaching of Jacques Lacan', *Journal of the Centre for Freudian Analysis and Research*, 6: 6-38.

——(2002) 'What Does the Unconscious Know about Women?', in S. Barnard and B. Fink (eds) *Reading Seminar XX : Lacan's Major Work on Love, Knowledge, and Feminine Sexuality*, New York: SUNY Press, pp. 99-108.

Stavrakakis, Y. (1999) *Lacan and the Political*, London: Routledge.

Tallis, R. (1997) 'The Shrink from Hell', *The Times Higher Education Supplement*, October 31: 20.

Thurschwell, P. (2000) *Sigmund Freud*, Routledge Critical Thinkers, London: Routledge.

Turkle, S. (1992) *Psychoanalytic Politics: Jacques Lacan and Freud's French Revolution*, 2nd edn, London: Free Association Books.

Verhaeghe, P. (1998) 'Causation and Destitution of a Pre-ontological Non-entity: On The Lacanian Subject', in D. Nobus (ed.) *Key Concepts of Lacanian Psychoanalysis*, London: Rebus Press, pp. 164-89.

Vice, S. (ed.) (1996) *Psychoanalytic Criticism: A Reader*, Cambridge: Polity Press.

Whitford, M. (1991) *Luce Irigaray: Philosophy in the Feminine*, London: Routledge.

Wilson, Edmund (1965) 'The Ambiguity of Henry James', in *The Triple Thinkers*, Harmondsworth: Penguin.

Wright, E. (1998) *Psychoanalytic Criticism: A Reappraisal*, 2nd edn, Cambridge: Polity Press.

——(1999)*Speaking Desires Can Be Dangerous: The Poetics of the Unconscious*, Cambridge: Polity Press.

Žižek, S. (1989) *The Sublime Object of Ideology*, London: Verso.

——(1992) *Looking Awry: An Introduction to Jacques Lacan Through Popular Culture*, Cambridge, MA: The MIT Press.

——(1993) *Tarrying With the Negative: Kant, Hegel, and the Critique of Ideology*, Durham: Duke University Press.

——(1994) *The Metastases of Enjoyment: Six Essays on Woman and Causality*, London: Verso.

——(2001) *The Fright of Real Tears: Krzysztof Kiéslowski Between Theory and Post-theory*, London: BFI Publishing.

索 引

我们该如何阅读拉康？

老埃蕤

1

我豆瓣上有一位友邻，是名心理咨询师。在我们一起吃饭时，她对我说：每当看到拉康小组又发新文字了，她都会在 QQ 上开一个窗口与一位好友笑着说，"你看，快看，他们又发东西了，这些谁也看不懂的东西"。然后是一阵嘻嘻哈哈。

那次，我没有正面回答。脑海里快速闪过：要如何通俗地介绍拉康呢？这几乎是不可能的事。以拉康理论的复杂程度，没几年是根本看不懂的。

然而没有几年的光景，这种不可能的事似乎真的就发生了。

这是一本出色的书，感谢新雨的翻译让我可以有幸阅读到它，既可以厘清拉康的一些重要概念同时又可以介绍给一些朋友，那些因为概念杂多而望而却步的朋友。相比我正在尝试将某个具体概念情境化的写法，学者肖恩·霍默（Sean Homer）的这本小书简直可以算是鸿篇巨制了。

2

于是，有趣的是，这本书一出现就必然带有一个宿命式的原罪：一方面，作为一本导论，它出色地完成了自己的使命，逻辑严谨，援引丰富，理论的产生和对比清晰可见，甚至翻译的语言也很简洁；令人有阅读的快感，甚至欲罢不能，等等；而另一方面，依内容而言它却又是一本介绍拉康的书,包含了一向以文风大胆、语意艰辛晦涩、有许多的文字游戏而著称的精神分析大师的文字。于是,有个问题跳了出来:我们可不可以用简单的方式来阅读拉康?

这或许本身也是一种冒险。

精神分析,一种奇妙而私人的体验,一种难以言表的模棱两可的言说;当它形成理论时,却又是千奇百怪的运作于事后制作的逻辑之中。每一个症状的制作背后,都有一个无法表达的实在创伤,如果非要问为何这样,那得到的回答也会如登山家乔治·马洛里所言一般——"因为它在那里"。

同样,当我们尝试援引一个精神分析术语来涵盖自己所遭遇的个案时,它通常是一个分析家/咨询师开始关闭了自己无知的激情。

我曾经遭遇过这样的时刻:当我和几个咨询师在饭桌上闲聊拉康的俄狄浦斯期里的性倒错结构时,例举了生活中的某类情境下,容易产生同性恋,在我还没有充分享受"理论的快感"时,桌子一侧的某位咨询师说:"我就是同性恋,就是遭遇过你说的类似的情境"。

气氛突变,这个话题突然就变得不再能延续了。语言本来是用来自由言说的,概念是某种公共共识用以连接交流,现在却突然捕获了一个"症状",那么继续说概念,也就意味着眼前的这个人会"消失",取而代之的是我们对于这个"症状"的言说。空气中隐隐地有种"谋杀"的味道。

于是,精神分析的言说,从来都是一种困难,它不同于数学家或者物理学家有一个共同的基础甚至假设,就可以一起演算一个可重现的过程,而是关于交流双方的想象和认同的歧义性相遇。当拉康将之归结于能指优先、语言的歧义性的时候,就等于将之归结于是两个主体无意识的擦肩而过。那么交流困难的出现,也就不难理解了。

可是,学精神分析的小伙伴们,还能不能在一起好好游戏,好好说话了?

3

假设我们并不急于用拉康的理论来武装自己的精神分析/心理咨询的临床实践,那么其实拉康理论的影响还可以存在于多个方向,你可以在文学理论/文学批评、电影理论、社会学、社会意识形态甚至女性主义中看到它的踪迹。在这个时候,还是可以按照意识运作的方式来读懂拉康的。

以本书为例,它介绍了拉康的几个主要概念:

● 想象界(Imaginary)与象征界(Symbolic)

● 俄狄浦斯情结(Oedipus complex)与阳具的意义(meaning of the phallus)

● 主体(subject)与无意识(unconscious)

● 实在界(Real)

● 性别差异(sexual difference)

从哲学的角度上要解释这些概念也是最好的一个角度,更何况作者还放了一些例子来帮助理解,故而无论是拉康的“小白”还是“小黑”,都可以从中获得某些知识。这些知识会让你直接了解拉康是如何设置他的理论,并清晰地知道他在讲什么。依我的判断,这会让你短时间内会有个感觉,觉得自己看穿了拉康。不过,在你看到下一个章节“拉康之后”,发现各种对拉康理论的发(误)展(用)和挑战之后,这种错觉也许很快会消散。

这也是本书另一个有趣的地方——如果你真的对拉康感兴趣，读完这本书之后，会沿着它提供的线索搜寻自己感兴趣的部分深入阅读。（其实不用深入阅读，你也可以看出来，还有许多拉康的重要概念并未出场，譬如拓扑学，L 图式，R 图式，欲望图表等并未出现）

4

好莱坞电影《大卫·戈尔的一生》(*The Life of David Gale*)中有一段关于拉康理论的引用，作为电影的重要情节出现："你们知晓拉康的观点，幻想必须是非现实的，因为在你得到所寻找的东西时的那一刻、那一秒，你就不再或不能再想要它了。为了继续存在，欲望必须使它的客体对象永远不在场。你想要的不是'它'，而是对'它'的幻想。所以欲望支持着疯狂的幻想。"我无意在此以拉康的理论来为电影中的大卫·戈尔做分析，但可以借此来结束本文——

读与拉康相关的书，总是容易产生幻想，由此来支撑对于拉康这个大他者的欲望。拉康身上总有一种说不清道不明的魅力，我们读了许多书却总是找不到这个东西是什么（客体 *a*），它就是我们不断试图填充的那个"洞"，我们借此完成（终究要完成）一次异化和分离。最终，一个拉康式的主体就诞生了。

这是我们必由的命运吗？知物不言，言误不禁。

图书在版编目(CIP)数据

导读拉康/(英)霍默(Homer,S.)著;李新雨译.
—重庆:重庆大学出版社,2014.9(2024.9重印)
(思想家和思想导读丛书)
ISBN 978-7-5624-8433-2

Ⅰ.①导… Ⅱ.①霍…②李… Ⅲ.①拉康,J.
(1901~1981)—哲学思想—思想评论 Ⅳ.①B565.59

中国版本图书馆 CIP 数据核字(2014)第 156717 号

导读拉康

肖恩·霍默 著
李新雨 译

策划编辑:邹 荣 林佳木 雷少波
责任编辑:邹 荣 版式设计:邹 荣
责任校对:邹小梅 责任印制:张 策

*

重庆大学出版社出版发行
出版人:陈晓阳
社址:重庆市沙坪坝区大学城西路 21 号
邮编:401331
电话:(023) 88617190 88617185(中小学)
传真:(023) 88617186 88617166
网址:http://www.cqup.com.cn
邮箱:fxk@ cqup.com.cn(营销中心)
全国新华书店经销
重庆市正前方彩色印刷有限公司印刷

*

开本:890mm×1168mm 1/32 印张:7.875 字数:180千 插页:32开2页,16开1页
2014 年 9 月第 1 版 2024 年 9 月第 11 次印刷
ISBN 978-7-5624-8433-2 定价:39.00 元

本书如有印刷、装订等质量问题,本社负责调换
版权所有,请勿擅自翻印和用本书
制作各类出版物及配套用书,违者必究

Jacques Lacan, by Sean Homer, ISBN: 0-415-25617-9

Copyright© 2005 by Routledge.
All Rights Reserved. Authorised translation from the English language edition published by Routledge, a member of the Taylor & Francis Group.
本书原版由 Taylor & Francis 出版集团旗下 Routledge 出版公司出版,并经其授权翻译出版。版权所有,侵权必究。

Chongqing University Press is authorized to publish and distribute exclusively the Chinese (Simplified Characters) language edition. This edition is authorized for sale throughout Mainland of China. No part of the publication may be reproduced or distributed by any means, or stored in a database or retrieval system, without the prior written permission of the publisher.
本书中文简体翻译版授权由重庆大学出版社独家出版并仅限在中国大陆地区销售。未经出版者书面许可,不得以任何方式复制或发行本书的任何部分。

版贸核渝字(2019) 第 048 号

Copies of this book sold without a Taylor & Francis sticker on the cover are unauthorized and illegal.
本书封面贴有 Taylor & Francis 公司防伪标签,无标签者不得销售。

封面设计:史英男　刘　骥

𝄞荒島書店